AF326180

GALERIE

DES CENTENAIRES

ANCIENS ET MODERNES.

Imprimerie administrative de Paul Dupont et Comp.,
rue de Grenelle-Saint-Honoré, 55, à Paris.

Elisabeth Durieux,

agée de 114 ans, née à Villeraud, (Savoye)

venue à Paris en 1827.

GALERIE

DES CENTENAIRES

ANCIENS ET MODERNES

PAR

Charles LEJONCOURT,

MEMBRE DE LA SOCIÉTÉ FRANÇAISE DE STATISTIQUE UNIVERSELLE,
CORRESPONDANT DE CELLE DE MARSEILLE, etc.

PARIS,

A LA LIBRAIRIE ADMINISTRATIVE DE PAUL DUPONT,

RUE DE GRENELLE-SAINT-HONORÉ, 55,

ET CHEZ L'AUTEUR, rue de Sèvres-St-Germain, 94.

—

1842

GALERIE

DES CENTENAIRES

ANCIENS ET MODERNES.

PROSPECTUS.

De tout temps la longévité a excité l'intérêt ou l'admiration : Athènes et Rome recueillaient les faits relatifs aux centenaires ; un grand nombre d'auteurs ont consigné dans leurs écrits les fastes relatifs aux vieillards séculaires ; et, de nos jours, les organes de la presse périodique répètent à l'envi ce qui a trait aux existences phénoménales.

M. Lejoncourt, membre de plusieurs sociétés de statistique, a consacré dix années à la réunion des faits les plus curieux relatifs à cet objet, depuis 4,000 ans, dans un ouvrage comprenant plus de 800 articles, et divisé en trois parties, dont la première indique les positions sociales dans lesquelles on ne trouve pas ou presque pas de centenaires ; la seconde comprend ceux âgés de 120 à 200 ans, et la troisième, les centenaires propres à chaque contrée de l'Europe.

Ce livre, imprimé sur beau papier, format in-8°, de 250 pages, se vend à la librairie administrative de M. Paul Dupont et Comp., rue de Grenelle-Saint-Honoré, n° 55, ou chez l'auteur, rue de Sèvres, n° 94, faubourg Saint-Germain, à Paris.

Prix : 3 fr. broché, et 4 fr. par la poste.

PARIS, IMPRIMERIE DE PAUL DUPONT ET Cie,
Rue de Grenelle-St-Honoré, n. 55.

Delpuech (Antoine), cultivateur, décédé en mars 1840, dans la commune de Saint-Cernin, département du Cantal, à l'âge de 120 ans. Il avait servi pendant la guerre de la succession d'Autriche, sous les ordres du maréchal de Saxe. Le 11 mai 1745, il combattit à la bataille de Fontenoy, et resta, lui cinquième, de sa compagnie commandée par Jean de Calonne. Le souvenir de cette mémorable journée était toujours resté présent à son esprit, et, dans les dernières années de sa vie, il en parlait avec le même feu, la même précision dans les détails que s'il se fût agi d'un fait récent. Quoique le bourg fût éloigné de son village de plus d'un myriamètre, Delpuech s'y rendait à pied tous les dimanches pour y entendre la messe ; et, chose surprenante dans un âge si avancé, il a conservé jusqu'à sa mort l'entier usage de ses facultés.

Saint-Cernin est remarquable par la longévité de ses habitans. En 1834 y existaient : Verdier, âgé de 104 ans, Géraud Raufet, de 109, et Delpuech, de 114. M. Couffin (Antoine), cultivateur, est maintenant le doyen de ce village ; il compte 103 ans.

Le département du Cantal est le cinquième dans l'ordre de la longévité ; il y meurt annuellement cinq ou six centenaires.

En 1838, meurt, dans le département de la Haute-Garonne, Marie Priou, âgée de 158 ans. A 66 ans, elle vendit son bien à fonds perdu. Ainsi, il y avait 92 ans que les acquéreurs ou leurs héritiers lui payaient une rente de 162 livres tournois pour cette

A Monsieur

Noël des Quersonnières,

ANCIEN COMMISSAIRE GÉNÉRAL DES ARMÉES FRANÇAISES.

M o n s i e u r,

A qui dédier la *Galerie des Centenaires anciens et modernes*, si ce n'est au doyen des Français ; à celui dont la santé inaltérable et les facultés intellectuelles excitent l'étonnement et l'admiration et qui pourrait, comme Monaldescho, écrire des mémoires à l'âge de cent quinze ans ; enfin, à celui près de qui la faulx du temps semble rester immobile ?

Agréez donc avec bonté, Monsieur, ce tribut

de mes veilles. Puissent les soins de votre fidèle Lauet (1) vous conserver long-temps encore, pour être l'objet des hommages de vos concitoyens, et en particulier de la vénération profonde de

Votre très humble
et très obéissant serviteur

LEJONCOURT.

---

(1) Tel est le nom de la femme respectable qui a voué son existence à M. des Quersonnières.

INTRODUCTION.

Un grand nombre d'auteurs ont parlé des centenaires; mais ce qu'ils en ont dit est épars dans mille volumes. Il fallait réunir et coordonner ces matériaux pour en former un tout homogène, et c'est ce que j'ai tenté.

On a, d'ailleurs, souvent agité la question de savoir si la vie humaine était plus longue autrefois qu'aujourd'hui; dès lors n'était-il pas intéressant de rechercher jusqu'à quel âge il a été donné à l'homme de pousser le terme extrême de son existence?

Comme l'imagination se complaît dans le merveilleux, on croit assez communément, et sans autre examen, ce qui est rapporté touchant les patriarches bibliques dont la vie se serait étendue à plusieurs siècles; mais on oublie que les anciens ne divisaient pas le temps comme nous : Justin, Lactance, Macrobe, Plutarque et autres ont, en effet, démontré que l'année n'était que de trois mois ou une saison chez quelques peuples d'Orient tels que les Chaldéens, les Arcadiens, les Cariens, etc.; qu'elle fut de huit mois depuis Abraham et de douze mois depuis Joseph, ministre de Pharaon.

M. de Buffon s'est donné beaucoup de peine pour concilier la différence de longévité entre les anciens et les modernes : obligé, par un clergé omnipotent et ombrageux, de déclarer qu'il n'avait pas eu l'intention d'attaquer la doctrine exposée dans les livres bibliques et relative à la formation du globe, il attribua la longévité extraordinaire des premiers hommes aux vertus bienfaisantes et conservatrices des productions (1) d'une terre vierge encore; mais il est permis de croire que nous n'avons pas connu la pensée intime de ce grand naturaliste.

Voltaire, toujours libre dans l'expression de la sienne, a dit simplement à ce sujet :

« A l'égard de la durée de la vie des hommes, il « est vraisemblable que toutes les races humaines « ont joui d'une vie à peu près aussi courte que la « nôtre. Comme les animaux, les arbres et toutes « les productions de la nature ont toujours eu la « même durée, il est ridicule de nous en excepter.» (Tom. 15, pag. 10; *édit. Lequien.*)

Quoi qu'il en soit, et pour éviter toute fausse interprétation de mon orthodoxie, je tiendrai pour certains, à partir d'Abraham, les faits relatifs à la longévité; ne redoutant nullement pour les centenaires modernes la rivalité des patriarches hébreux.

---

(1) Voir tom. 4 , pages 358-360 , et tom. 7 , page 15 et suiv. , édit. n°-12, 5° édition, Imprimerie royale, 1755.

Bacon de Vérulam, chancelier d'Angleterre, Haller, statisticien allemand, et, plus récemment, MM. les docteurs Bourdon, de la Rochelle, et Huferand de Paris, ont prouvé que les anciens ne vivaient guère au-delà de 120 ans, tandis qu'ils citent des modernes qui ont dépassé 150 ans, et je produirai des exemples plus extraordinaires encore.

Le but de cet ouvrage est donc d'établir, par des faits nombreux, que la longévité n'a pas diminué et qu'elle est aujourd'hui ce qu'elle était il y a quatre mille ans.

Bien plus : en réfléchissant, d'une part, à l'incertitude des moyens d'alimentation chez les anciens; de l'autre, aux famines horribles qui, à diverses reprises et pendant plusieurs siècles, ont désolé le monde, on est conduit à reconnaître que la vie matérielle étant généralement mieux assurée, et l'hygiène mieux entendue aujourd'hui qu'autrefois, l'existence doit se prolonger davantage. Aussi la moyenne de la vie humaine s'est-elle successivement élevée de 22 à 29, puis à 36, et quelques statisticiens la portent même à 40 ans, au moins pour la France.

Il est un autre point de vue sous lequel les faits peuvent être envisagés : de l'affaiblissement des idées morales est résulté l'abandon du culte de la vieillesse. Il n'est donc pas hors de propos de rappeler ici, sommairement, que les gouvernemens et les souverains ont, à diverses époques, rendu des hommages ou des honneurs publics aux centenaires, soit de leur vivant, soit après leur mort.

Sans remonter au-delà du 17ᵉ siècle, nous voyons, en Angleterre, Thomas Pare présenté, le 9 octobre 1635, à l'âge de 152 ans au roi Charles Iᵉʳ; et nous apercevons dans Westminster le tombeau de ce pauvre laboureur, entre ceux des souverains et des hommes célèbres de la Grande-Bretagne.

Vers la même époque, la comtesse d'Arondel présentait à la reine, épouse de ce souverain, une sage-femme âgée de 123 ans et qui, deux ans avant, exerçait encore sa profession.

Dans l'ancienne église de Liverpool, nous voyons le tombeau de la veuve Hilton, paysanne morte, en 1760, à l'âge de 121 ans.

Nous voyons en Allemagne, le jeudi 29 mars 1714, la cérémonie du lavement des pieds faite à Vienne par l'empereur Charles VI et les trois impératrices (la régnante et les deux douairières), à quarante-huit personnes ayant ensemble 3,695 ans;

En 1770, l'impératrice-reine recevant un message d'une femme âgée de 108 ans qui se plaignait de ce que depuis deux ans ses infirmités la privaient de l'honneur de prendre part à cette cérémonie et du bonheur de voir sa souveraine; l'impératrice, touchée du message et des sentimens de cette pauvre femme, se transportant au village qu'elle habitait, ne dédaignant pas d'entrer dans une misérable cabane, puis disant avec bonté à cette vénérable centenaire : « Vous regrettez de

« ne m'avoir point vue; consolez-vous, ma bonne,
« je viens vous voir, » et, après s'être entretenue
long-temps avec elle, lui laisser, en se retirant, des
preuves de sa munificence;

En Espagne, en 1727, treize personnes des deux
sexes, réunies à Saint-Jean de Lugo en Galice,
pour y être l'objet d'une ovation, âgées ensemble
de 1,499 ans, savoir : trois de 110, une de 112,
une de 113, deux de 115, deux de 116, une de
117, une de 118, une de 120 et une de 127 ans;

En France, Mandinelli, mourant à Toulouse, à
l'âge de 120 ans, et inhumé dans l'église des Jacobins de cette ville;

En 1714, Philippe Herbelot, ancien sellier, pré-
sentant, à l'âge de 113 ans, un bouquet à Louis XIV,
à l'occasion de la fête de ce souverain, dont il recevait une pension comme centenaire;

Jean Dartel, paysan de Chamblans, à qui les Jurats de Bordeaux avaient accordé une pension de
400 livres, mourant dans cette ville à l'âge de 110
ans, et conduit au champ de repos par une immense population qui couvre sa tombe de lauriers;

Jean Constant, ancien officier de marine, décédant à Paris le 15 janvier 1763, dans la 114ᵉ année de
son âge; le prince de Conti se chargeant du soin
de ses funérailles, célébrées avec toutes les pom-
pes religieuses, un grand appareil militaire et une
magnificence royale;

Joachim Lafond, un des serviteurs de M. de
Montesson, mourant aussi à Paris, le 22 octobre

1764, à l'âge de 105 ans, et sa tombe placée dans l'église de Saint-Eustache;

Et le 14 janvier 1768, Pierre Béranger, pauvre laboureur, décédant, à Valence en Dauphiné, à l'âge de 104 ans, inhumé également dans l'église de cette ville.

Ici la scène grandit, l'anecdote fait place à l'histoire, et nous assistons, le 23 octobre 1789, à la séance de l'Assemblée nationale, réunie sous la présidence de M. Freteau.

« On annonce un vieillard de 120 ans, né dans le Mont-Jura; il désire voir l'Assemblée qui a dégagé sa patrie des liens de la servitude. »

M. l'abbé Grégoire demande « qu'à raison du respect qu'a toujours inspiré la vieillesse, l'Assemblée se lève lorsque cet étonnant vieillard entrera.»

Cette proposition est accueillie avec transport.

Le vieillard est introduit; l'Assemblée se lève; il marche conduit par sa famille, il s'assied dans un fauteuil vis-à-vis le bureau et se couvre.

La salle retentit d'applaudissemens.

Il remet son extrait baptistaire. Il est né à Saint-Sorbin, de Charles-Jacques et de Jeanne Bailly, le 10 octobre 1669.

M.... « Ce vieillard, que la nature a conservé pour être témoin de la régénération de la France et de la liberté de sa patrie, a constamment rempli les devoirs de citoyen utile jusqu'à 105 ans. Le roi lui a donné une pension de 200 livres; mais, pour que sa famille se souvienne de cette journée, votons parmi nous une contribution qui, quelque modique qu'en soit le produit, rendra plus tranquilles les derniers jours de ce vieillard respectable à tant de titres, et deviendra pour sa famille un précieux héritage.»

L'Assemblée charge MM. les trésoriers des dons patriotiques de recevoir cette contribution.

M. le président dit que M. Bourdon de la Crosnière, auteur d'un plan d'éducation nationale présenté à l'Assemblée, faisant entrer dans les leçons qu'il donne à la jeunesse le respect pour la vieillesse, demande que l'auguste vieillard soit reçu et servi dans l'école patriotique par les jeunes élèves de tous les rangs, et surtout par les enfans dont les pères ont été tués à l'attaque de la Bastille.

M. de Mirabeau : « Faites pour ce vieillard ce que vous voudrez; mais laissez-le libre.....»

M. le président au vieillard : « L'Assemblée craint que la longueur de sa séance ne vous fatigue, et vous engage à vous retirer. Elle désire que vous jouissiez long-temps du spectacle de votre patrie, devenue entièrement libre. »

(*Gazette nationale*, tom. I, n° 77.)

Onze ans après, nous sommes témoins de la célébration du deuxième anniversaire du 14 juillet 1799 (*sous le consulat*).

« .... La nef des Invalides était remplie de spectateurs, et de femmes dans l'éclat de la parure et de la beauté.

«Les deux consuls, le conseil d'état, le corps di-

plomatique se sont levés à l'instant de l'arrivée du
premier consul ; les vieux serviteurs de la patrie
étaient honorablement placés et les plus âgés d'entre eux étaient près du premier consul...

« A la suite de la cérémonie, les invalides qui
avaient reçu des médailles d'honneur, accompagnés
de deux de leurs camarades âgés, l'un de 104 et
l'autre de 107 ans, ont dîné chez le premier consul
avec les principales autorités de la république. »
(*Gazette nationale* du septidi 27 messidor an 8
    (16 juillet 1800) de la République française.)

Enfin, sous la Restauration, nous assistons à une
nouvelle ovation en l'honneur des centenaires :

Le 25 août 1822, à l'occasion de l'inauguration
de la statue équestre de Louis XIV sur la place des
Victoires, le doyen de l'armée française, Pierre
Huet, âgé de 117 ans, fut placé sur un fauteuil en
avant de la statue. Là, il semblait représenter le
siècle entier. Il était entouré de ces militaires invalides qui, déjà chargés d'années, étaient cependant séparés de lui par plusieurs générations. Tous
les regards étaient portés sur ce soldat vénérable.
M. le préfet s'est approché de lui, et en lui remettant la croix d'honneur, au nom de Louis XVIII, il
lui a adressé ces paroles :

« Contemporain de Louis XIV, recevez ce signe
« de l'honneur. Le roi décore en vous le doyen des
« soldats français ! Né sujet du grand roi, vous avez
« vu les générations se succéder ; vous êtes témoin
« que son règne comme sa gloire sont immortels.»

Le vieillard a répondu par les témoignages de sa reconnaissance et de la sensibilité dont le pénétrait une circonstance si glorieuse dans une vie marquée par de si longs jours..... Lorsqu'il s'est retiré on l'a reconduit dans une chaise à porteurs, entouré d'une escorte de vétérans..... La ville de Paris lui a assigné une pension, ainsi qu'à un brave invalide âgé de 102 ans, et qui est venu à pied assister à la cérémonie.

(*Moniteur universel* du 25 août 1822.)

Les centenaires ne paraissent pas avoir été, depuis cette époque, l'objet d'ovations ou d'honneurs publics. On peut citer quelques uns de ceux décédés sans qu'aucune démonstration officielle ait glorifié leur existence séculaire. Tels sont MM. :

Politiman, chirurgien, décédé à Vaudemont en Lorraine, au mois d'octobre 1825, à l'âge de 140 ans;

Dando, cultivateur à Lubiac, département du Gers, en 1833, à 120 ans ;

D'Ornay, membre de plusieurs académies, à Rouen, en 1834, à 106 ans ;

Mangot, ancien professeur de mathématiques à l'Ecole polytechnique, en 1837, à Passy, à 105 ans;

Priou (Marie), dans la Haute-Garonne en 1838, à 158 ans, l'âge le plus avancé qui ait été atteint en France dans les temps anciens et modernes;

De Ligneras, dans le Périgord, en 1840, à 117 ans;

Et Delpuech, ancien militaire et cultivateur, en mars 1840, à Saint-Cernin (*Cantal*), à 120 ans.

Dès lors n'est-on pas en droit de répéter qu'en effet le culte de la vieillesse est négligé; culte n'ayant rien de commun avec les modiques secours accordés à ceux des centenaires que leur position de fortune met dans la nécessité d'avoir recours à la munificence de l'état? Peut-être les préoccupations de la politique ont-elles empêché les dépositaires du pouvoir de prendre l'initiative et de donner à ces vieillards vénérables quelque éclatant témoignage de haute considération, lorsque leur existence séculaire est venue à se produire ou à s'éteindre.

Quoi qu'il en soit, rien n'a été négligé pour donner à cet ouvrage, fruit de plusieurs années de recherches persévérantes, le degré d'intérêt dont il est susceptible : divisé en trois parties, la première offre la nomenclature des professions ou positions sociales dans lesquelles on ne trouve pas ou presque pas de centenaires. La seconde contient une biographie de ceux anciens et modernes, à partir de l'âge phénoménal de 120 ans, et un parallèle entre la durée de la vie de l'homme et celle des autres êtres animés. La troisième renferme un aperçu du nombre des centenaires propres à chaque contrée de l'Europe, et des détails sur plusieurs de ces macrobies ; des données sur la France et sur Paris en ce qui a trait à la matière ; des renseignemens sur l'influence du climat, de la nourriture et de l'hygiène ; et, enfin, un exposé des probabilités de longévité.

GALERIE DES CENTENAIRES

ANCIENS ET MODERNES.

PREMIÈRE PARTIE.

SOMMAIRE.

Les peintres.—Sculpteurs.—Musiciens.—Chanteurs.—Naturalistes.—Physiciens.—Chimistes.—Mineurs ou carriers.—Forgerons.—Bijoutiers.—Orfèvres.—Ouvriers des usines et fabriques.—Prisonniers.—Magistrats.—Administrateurs.—Députés.—Pairs de France.—Financiers et employés.—Professeurs.—Avocats.—Orateurs.—Poètes.—Philosophes.—Savans.—Gens de lettres.—Souverains.—Clergé.—Pères de l'Église.—Solitaires.—Personnages canonisés.—Ministres.—Diplomates.

D'après l'organisation de la société moderne, les chances de longévité sembleraient devoir diminuer au lieu de s'accroître. Il est, en effet, certains arts libéraux et professions peu connus ou moins pratiqués des anciens et dans lesquels on ne rencontre pas ou presque pas de centenaires.

Tels sont, pour les beaux-arts, la sculpture, la peinture, la musique, le chant et l'art dramatique.

Pour la sculpture, on n'en trouve qu'un avant l'ère vulgaire, Euphanor, statuaire décédé dans sa centième année. Dans les siècles modernes, Girardon et Michel-Ange ont le plus approché de ce terme : le premier est mort à 88 et le second à 90 ans.

Parmi quatre cents peintres plus ou moins célèbres depuis Raphaël jusqu'à nos jours, une quarantaine seulement ont atteint de 70 à 99 ans.

Ce sont : Vincent, 70. — Reynolds, 70. — Lairesse, 71. — Lebrun (Charles), 71. — Le Poussin, 71. — Champagne (Philippe de), 72. — Terburg, 73. — Salario, 73. — Pannini, 73. — Jouvenet (Jean), 73. — Vernet (Joseph), 74. — Régnault, 75. — Van Ostade, 75. — Vinci (Léonard de), 75. — Le Guerchin, 75. — Bourgeois (Constant), 75. — David, peintre de Napoléon, 77. — Schneyders, 78. — Bakuysen, 78. — Greuze, 79. — Vernet (Carle), 79. — Téniers, 80. — Cousin (Jean), 80. — Bélin (Gentil), 80. — Le Primatice, 80. — Josépin, 80. — Lagrenée, 81. — Grassi (Joseph), 81. — L'Albane, 82. — Lorain (Claude), 82. — Le Tintoret, 82. — Bauze, 82. — Gentilheschi, 83. — Baroche, 84. — Jordaens (Jacques), 84. — Mignard, 85. — Rigaud (Hyacinthe), 86. — Crayer, 87. — Maratte (Carle), 88. — Coypel, 89. — Bellin (Jean), 90. — Calabrèze (Victor), 90. — Vien, 93. — Et le Titien, mort à Venise, en 1576, dans sa 99ᵉ année, sans infirmités, et travaillant jusqu'au dernier moment.

Serait-ce que l'aspiration fréquente de l'émanation des couleurs exercerait, à la longue, une influence morbifique? On le croirait d'autant plus volontiers que, dans diverses positions à peu près analogues, on n'a pas trouvé de centenaires parmi les naturalistes, les physiciens, les chimistes, les mineurs ou carriers; ni chez les peintres en décors ou en bâtimens, ces derniers étant sujets, d'ailleurs, à de violentes coliques dans l'exercice de leur profession.

Dans un autre ordre de position, mais sans sortir de la classe des artistes, on trouve : Frédéric Duvernoy, professeur de cor, décédé à 73 ans. — Lesage, acteur de l'Opéra-Comique, à 74. — Gaviniez, célèbre violon, à 75. — Mme Gavaudan (Mlle Devienne), à 80. — Mlle Clairon, à 81. — Vestris, à 86. — Philidor, compositeur de musique, à 90. — M. Boursault, ancien comédien, existant encore aujourd'hui, âgé de 93. — Galéria Capiola, comédienne sous Pompée, 104. — Luceia, qui joua pendant un siècle entier, 112. — Et Galvini, célèbre chanteur italien, 138.

Les professions qui mettent l'homme en contact avec la métallurgie, l'exploitation des mines ou des carrières, les émanations insalubres de certaines fabriques ou usines et des hôpitaux, l'odeur délétère des cadavres sur lesquels s'exerce la science ou l'industrie ; toutes ces exigences impérieuses de la condition sociale d'un grand nombre d'hommes, sont également contraires à la longévité. Dans ces diverses catégories, Grandez, compagnon orfèvre, mort à 126 ans, et un Anglais, mort à 132 ans, dans les habitations souterraines des mines, sont les seuls centenaires qu'on ait rencontrés.

Il ne s'en trouve aucun, du moins en France, chez les prisonniers, classe plus nombreuse qu'on ne le croit généralement. Voici une courte biographie des plus célèbres par la durée de leur captivité.

L'abbé dom Louis Maciel Ponce de Léon, gentilhomme natif de Sourcaba, au Brésil, et fils du vice-roi de cet empire, fut enfermé à la Bastille, le 31 août 1769, pour mauvais propos tenus contre le ministère, et écroué par le commissaire Rochebrune, d'après l'ordre du comte de Saint-Florentin, ministre de Louis XV.

La captivité de Léon ne cessa qu'à la prise de la Bastille, et il fut transféré à Charenton, comme atteint d'aliénation mentale.

(*Révolutions de Paris*, par Prudhomme, tom. 2, n° 18, p. 33.)

En 1768, Jean-Charles-Guillaume Le Prévôt de Beaumont, ancien secrétaire du clergé de France, dut au hasard la découverte du pacte de famine, conclu entre la haute administration de la finance, de la justice et de la police, à l'effet d'accaparer les grains, et alors même que les parlemens de Normandie et de Dauphiné adressaient à Louis XV de vives remontrances, au sujet de la cherté et de la rareté alarmante des subsistances.

Pendre ou rouer Beaumont sans motif connu ne parut pas possible aux misérables qui spéculaient sur l'existence du peuple; mais ils s'assurèrent de sa discrétion par une lettre de cachet, et cinq prisons différentes le virent détenu pendant 22 ans, c'est-à-dire jusqu'à la prise de la Bastille.

(*Id*, tom. IV, n° 3, pag. 38 et suivantes.)

Au nombre des prisonniers qui pourrissaient dans les cachots souterrains de cette forteresse, se trouva Tavernier, fils naturel de M. Pâris-Duverney et frère de Pâris-Marmontel. Il y était enfermé depuis le 4 août 1759, c'est-à-dire depuis 30 ans, sans cause connue de cette détention, et il commençait à croire qu'il n'existait plus sur la terre d'autres hommes que ses geôliers.

Il fut, ainsi que M. de Whyte, prisonnier depuis un temps immémorial, promené en triomphe dans les rues de Paris; mais, comme l'abbé Léon, cette longue captivité solitaire les avait rendus fous, et on fut obligé de les transférer à Charenton.

(*Gazette nationale* du 23 au 24 juillet 1789.)

Le comte de Lorge, sur lequel je n'ai aucun détail, et le baron de Trenck, officier prussien dont on connaît la vie et les malheurs, furent détenus pendant 32 ans.

De Latude Henri-Mazers, jeune officier d'artillerie, soupçonné à tort d'avoir écrit une lettre injurieuse à Mme de Pompadour, fut jeté à la Bastille, et n'en sortit que le 22 mars 1784, après une captivité de 35 ans et à l'âge de 55 ans. (*Lubize*, 1835.)

L'Homme au masque de fer avait environ 60 ans lorsqu'il mourut, le 3 mars 1703, à la Bastille, où il était détenu depuis 42 ans. (*Voltaire*, tom. XX, pag. 131; et tom. XXXVI, pag. 306, édit. *Lequien.*)

Parmi les individus renfermés, au nombre de 20,000, dans les 19 maisons centrales de détention, à l'époque du 1er janvier 1841, il s'en trouvait un gracié au commencement de cette année, après une réclusion de 47 ans.

Voici l'inscription placée par un prisonnier le jour de son entrée à la Bastille, et celle écrite à l'époque de sa sortie de cette forteresse :

« 20 novembre 1631. Dussault a été amené en « cette chambre, et il en sortira quand il plaira à « Dieu. — Et c'est le 20 juin 1691 qu'il est sorti, « après 60 ans de captivité. » (*Prudhomme,* vol. I, n° 42, pag. 32.)

Enfin, le 3 mai 1841, est décédé à Gand le doyen des prisonniers.

Pierre-Joseph Soete, né à Dierlyk, fut condamné le 26 novembre 1778, par la châtellenie d'Harel-beke, au supplice de la roue pour crime d'assassinat sur une jeune fille. Il était, à cette époque, âgé de 17 ans. L'impératrice Marie-Thérèse, sur la requête qui lui fut présentée par la société de Saint-Georges, commua sa peine en celle d'une détention perpétuelle.

Soete fut élargi en 1814, par le comte de Bichalof, hetman des cosaques du Don, qui tenait son quartier-général à Gand; mais, privé de moyens d'existence, de parens et d'amis pendant une captivité de 36 ans, il réclama la faveur d'être réintégré dans cette même prison qui lui avait servi d'asile pendant si long-temps. Sa demande fut accueillie, et il y resta 27 ans encore, c'est-à-dire jusqu'au jour de son décès, arrivé à 80 ans, et après une détention de 63 années. (*Moniteur universel,* mai 1841.)

En 1816, on fit connaître à M. Lejoncourt, alors secrétaire du préfet du Rhône, qu'un forçat, libéré comme centenaire, venant de Marseille et passant à Lyon pour retourner dans son village, s'était présenté à la préfecture pour faire viser son passeport. Toutefois, l'auteur ne peut rien préciser ni affirmer à ce sujet.

Mais l'Angleterre, qui est après la Russie la patrie des centenaires, nous en offre un de cette classe.

On lit, en effet, dans le *Limerick Chronicle* :

« Il existe en ce moment, dans la maison de tra-
« vail de cette ville, une femme nommée Marie
« Scully, qui a atteint l'âge extraordinaire de 106
« ans. Elle jouit de la plénitude de ses facultés et
« converse librement avec toutes les personnes qui
« viennent la visiter. Elle éprouve le plus grand
« mécontentement et la plus vive indignation,
« quand on lui parle de prendre une médecine ; et
« elle a déclaré qu'elle ne se rappelait pas avoir ja-
« mais fait usage d'aucune drogue médicinale dans
« le cours de sa longue carrière. » (*Moniteur* du 3
décembre 1841.)

Il paraîtrait, d'ailleurs, que les différentes carrières, offrant cependant une si grande diversité de position sociale, sont assez indifférentes à parcourir, et qu'elles donnent à peu près la même somme de longévité. Voici quelques exemples pris depuis le commencement du 19e siècle dans plusieurs branches de l'administration publique, et d'après lesquels on pourra juger de la vérité de cette assertion :

M. Michel Mathieu, conseiller à la cour royale de Colmar, est décédé à l'âge de 88 ans;

M. Gaudon, conseiller à la cour de cassation, à 89 ans;

M. Archambault, doyen des avocats de Paris, à 90 ans;

M. Hémery, doyen des conseillers de la cour royale de Paris, à 91 ans;

Et M. Watin, doyen des notaires de France, à 92 ans.

Parmi les préfets en fonctions à l'époque du 1er juillet 1841, on en comptait un de 58 ans, un de 60, un de 61, un de 62 et un de 69.

Ce n'est pas ici le cas de déduire les motifs qui ne permettent pas aux hommes de vieillir dans ces fonctions élevées; je me bornerai à dire que, depuis l'institution des préfectures, un seul est resté inamovible pendant 30 ans ! Mais je puis citer quelques uns de ceux décédés après leur admission à la retraite, tels que MM. :

Le baron Richard, ancien préfet de la Charente-Inférieure, mort à 73 ans;

Jean de Bry, préfet du Doubs, à 76 ans;

Le baron Rudler, à 80 ans;

Le baron d'Azémar, préfet du Var, à 81 ans;

Et le baron Lagarde, à 85 ans.

On comptait aussi, au 1er juillet 1841, deux sous-préfets de 72 ans, un de 73, un de 79 et un de 1 ans.

Parmi les conseillers de préfecture et les secrétaires généraux, il s'en trouvait un de 76 ans, deux de 77 et deux de 82.

Parmi les maires de chefs-lieux : deux de 70 ans, trois de 71, un de 72, un de 73 et un de 75.

La politique déplace assez rarement les maires de campagne; aussi en trouve-t-on qui meurent dans l'exercice de cette honorable magistrature, témoin M. le comte de Contades, maire de Mazé (Maine-et-Loire), décédé à 80 ans, et M. César Ginoux, maire de Sucy (Nièvre), à 93 ans.

Enfin si on descend dans les rangs infimes de la magistrature municipale, on trouve, comme représentant la limite extrême d'âge parmi les commissaires de police, M. Beffara, mort à l'âge de 88 ans.

Les cinq plus âgés de MM. les députés actuels sont : Clément, du Doubs, 73. — Dupont, de l'Eure, 74. — Hennessy, de la Charente, 76. — Royer-Collard, de la Marne, 79; et Gras-Préville, des Bouches-du-Rhône, 86 ans.

Là, comme partout, les mariés sont en majorité; ainsi, parmi les 456 membres de la chambre, on compte 60 célibataires, 125 veufs et 271 mariés.

Voici, d'ailleurs, la limite d'âge atteinte par quelques membres des assemblées délibérantes :

Ferraud (Anthelme) a vécu 76 ans.—Levasseur, 88. — Opoix et Vallier, conventionnels, 90.—Le comte du Bois du Bais, 91; et Vien, sénateur, 92 ans.

Au 1er avril 1838, la chambre des pairs se composait de 305 membres, dont :

9 âgés de moins de 30 ans; 17 de 30 à 39; 18 de 40 à 49; 83 de 50 à 59; 105 de 60 à 69; 54 de 70 à 79, et 19 de 83 à 93.

La chambre possédait 26 magistrats, 22 administrateurs, 10 personnes attachées à la diplomatie, 95 maréchaux et généraux, 8 amiraux et contre-amiraux, 3 fonctionnaires supérieurs de la garde nationale, 6 membres de l'instruction publique, 4 ministres et 2 princes du sang.

Le comte d'Argout, auteur de cette curieuse statistique, aurait pu la rendre plus intéressante encore en décomposant chaque classe, et en déterminant la limite d'âge des administrateurs, des généraux, des magistrats, etc.

En Angleterre, où les exemples de longévité sont si nombreux dans les classes pauvre et moyenne, les positions opulentes n'offrent pas de limite d'âge plus reculée qu'en France. Le doyen des pairs actuels de la Grande-Bretagne, lord Lynedoch, est, en effet, le seul nonagénaire; 16 de ses collègues sont octogénaires, et 41 seulement ont plus de 70 ans.

J'ajouterai, comme complément de ces données, et d'après Bourdon de La Rochelle, que, sur une liste de 1,600 personnages choisis dans les sommités de l'échelle sociale, c'est-à-dire parmi les princes, les ministres, les pairs, les prélats et les magistrats de l'ordre le plus élevé, la mort, après dix ans, à partir d'une époque donnée, en avait frappé 5o2.

Il s'agissait là de la haute aristocratie de douze à quinze royaumes de l'Europe, et il ne s'y trouvait pas un seul centenaire.

L'administration des finances et les directions qui en dépendent, telles que les domaines, les contributions directes et indirectes, les douanes, les postes, etc., composant une véritable armée, on comprendra qu'il n'a pas été possible de pénétrer dans cette masse compacte, et qu'on doit se borner à citer quelques exemples relatifs à la limite d'âge, pris dans les emplois élevés de l'administration financière, tels que MM. :

Germain, ancien receveur-général des finances, décédé à 72 ans.—Alexandre Moll, directeur des contributions directes, à 75.—Lafontaine, payeur central du trésor, à 77.—Petit, inspecteur général des finances, à 78 ; — et Gaudin, ministre des finances, à 85.

Dans les administrations centrales des autres ministères et dans celles qui en dépendent, il ne se trouve, du moins à ma connaissance, aucun employé retraité âgé de plus de 90 ans.

J'ai rencontré dans les siècles modernes un seul centenaire parmi les gens de finances, c'est :

Jean Rica, agent de change, mort à Venise, le 8 février 168o, à l'âge de 116 ans.

De nos jours, on cite, comme ayant vécu vieux, MM. :

Pallias, banquier, mort à 80 ans, et La Dureau, capitaliste, à 89, laissant une fortune de 7 millions.

MM. le docteur Bourdon de La Rochelle, et Benoiston de Châteauneuf, membre de l'Académie des sciences morales, ont, d'ailleurs, constaté que les hommes adonnés au petit négoce vivent plus long-temps que les capitalistes et les banquiers, tant agissent sur la santé les vives sollicitudes qu'entraînent à leur suite les intérêts de l'ambition et de la fortune.

On trouve, avant l'ère vulgaire, Orbilius, maître d'école, mort à 100 ans; puis le grammairien ou rhéteur Gorgias, se laissant mourir de faim à l'âge de 108 ans (Lucien, *traduction d'Ablancourt*).

Dans le 17ᵉ siècle : Gaspard Dragonetti, mort à Rome en 1626, professeur de latinité dans un collége de cette ville où il donnait encore ses leçons, peu de temps avant son décès, arrivé à l'âge de 120 ans (Pietro della Valle).

Dans le 19ᵉ, MM. Kœslner, professeur d'astronomie à Gœttingue, mort à 83 ans, et Daubanton, ancien secrétaire de Buffon et professeur d'histoire naturelle, à 87 ans.

La limite d'âge est représentée par **M. Daolmi**, ancien professeur de physique, et aujourd'hui nonagénaire.

Sans doute, depuis 41 ans, un certain nombre de professeurs ou de fonctionnaires appartenant à l'Université sont décédés septuagénaires ou octogénaires : mais, d'après les renseignemens recueillis à ce sujet, on a lieu de croire que les plus âgés n'ont pas dépassé 90 ans, et que notre siècle n'a fourni d'autre centenaire de cette catégorie que :

M. Alexandre Mangot, ancien professeur de mathématiques, né le 1ᵉʳ mars 1732, décédé en 1837, à Passy, près Paris, à l'âge de 105 ans, encore droit et bien portant, jouissant d'ailleurs de ses facultés intellectuelles et d'une vivacité d'esprit toute juvénile.

(Renseignement pris au secrétariat de la mairie de Passy.)

L'enseignement public est, en effet, une profession aussi fatigante qu'honorable : par suite de l'action orale souvent répétée, la voix s'altère et les organes de la respiration s'affaiblissent ; aussi voit-on presque tous les professeurs, quoique jeunes encore, déjà fatigués ou épuisés par l'exercice de cette pénible carrière.

Il en est de même des avocats chez lesquels on ne trouve que deux centenaires, appartenant l'un et l'autre au 18ᵉ siècle, et morts dans la même année ; ce sont MM. :

Laroque, décédé à Agen, le 6 janvier 1710, à l'âge de 111 ans,

Et Castra, mort à Bordeaux, le 22 février suivant, à 111 ans, 10 mois et 10 jours.

Dans le siècle actuel, je ne vois que M. Archambault, doyen des avocats de Paris, mort à 90 ans, et déjà cité.

On n'en rencontre pas un seul chez les orateurs : Apollodore, de Pergame, l'un des plus célèbres avant l'ère vulgaire, mourut à 82 ans.

Parmi les plus grandes illustrations modernes, Mirabeau et le général Foy sont morts, le premier à 42 ans, et le second à 50 ans; Manuel à 52, Fox à 58, et Benjamin-Constant à 63 ans.

Les littérateurs, les poètes, les historiens et les philosophes fournissent quelques rares centenaires.

Dans les temps anciens : Solon, Thalès et Pittacus, trois des sept sages de la Grèce, vécurent chacun leur siècle, et moururent 600 ans avant J.-C. (Lucien, tom. 3, p. 83.)

L'an 470 avant J.-C., Sophocle, célèbre poète tragique, composait sa tragédie d'*OEdipe* à l'âge de 100 ans (Valère-Maxime, lib. 8, cap. 18).

L'an 460 avant J.-C., Aristarque, poète de Tégée en Arcadie, et qui florissait sous Ptolémée Philadelphe, mourut à 100 ans.

Démocrite, philosophe, né à Abdère en Thrace, 453 avant J.-C., vécut 109 ans, et ne cessa, pendant cette longue carrière, de poursuivre le genre humain de ses sarcasmes. (Lucien.)

Cléanthe d'Asson, Épirote, disciple de Zénon, mourut âgé de 100 ans, vers l'an 260 avant J.-C. (Lucien, tom. III, pag. 83.)

Hiéronyme, historien, à 104 ans. (*Id.*)

120 avant J.-C., Demonax, philosophe de l'île de Chypre, mourut âgé de 100 ans. (*Id.*)

Juvénal, poète satirique latin, fournit également son siècle, et mourut vers la même époque.

Cratinus, poète contemporain d'Horace, approchait de 100 ans, lorsqu'il expira de douleur en voyant un tonneau défoncé et le vin s'en échapper. Fin plus digne d'un ivrogne que d'un poète. (Horace, liv. 1, sat. 4.)

Enfin, 30 ans avant l'ère vulgaire, Marcus Terentius Varron, le plus docte des Romains, meurt après avoir atteint l'âge de 100 ans.

« Quoiqu'il ait vécu 100 ans, dit Valère-Maxime, « ses années ne dépassèrent pas le nombre de ses « ouvrages. Il ne cessa d'écrire qu'en cessant de « vivre.

« Pollion ayant fait placer dans sa bibliothèque « publique les statues des plus savans personnages « de l'antiquité, Varron fut le seul des auteurs alors « vivans à qui il accorda cet honneur.» (Val. Max.)

Dans les temps modernes, on trouve :

Au 13e siècle, Alain de l'Isle, surnommé *l'universel* et l'un des principaux ornemens de l'Université de Paris, mourant dans cette ville à l'âge de 100 ans passés.

Il a laissé un grand nombre d'ouvrages publiés en 1653 à Anvers, en un énorme volume in-folio. (*Voir* Moréri et le *Dictionn. des auteurs ecclésiastiques.*)

Dans le 15e siècle, Ludovico Monaldesco né à Orvietto en Italie, écrivant des mémoires à l'âge de 115 ans. (Lantier, *Voyages d'Anténor*, tom. 3.)

En 1567, Fidèle Cassandre, savante vénitienne, meurt âgée de 102 ans. Elle fut l'ornement de son siècle, et plusieurs souverains vinrent la visiter ou entretinrent une correspondance suivie avec elle. (L'abbé Saas.)

Fontenelle, membre de plusieurs académies, décédé à Paris, en 1757, après avoir fourni son siècle.

Les noms de plusieurs des centenaires qui précèdent se retrouvent avec quelques détails dans la 3e partie, articles Italie et France.

Enfin, M. d'Ornay, ce vénérable patriarche de la Normandie, membre de l'académie royale des sciences, belles-lettres et arts de Rouen, meurt le 25 novembre 1834, en son domicile à Saint-Georges. Il était né le 23 août 1729 et avait, par conséquent, 105 ans, 3 mois et 2 jours. (*Echo de Rouen* du 26 novembre 1834.)

Tels sont, je crois, les seuls centenaires fournis par les lettres, les sciences et le génie.

Je vais, d'ailleurs, citer l'extrait d'un mémoire de M. Benoiston de Châteauneuf, lu le 25 juillet 1840 à l'académie des sciences morales et politiques, et relatif à la durée de la vie chez les savans et les gens de lettres.

« Ce travail embrasse 1100 savans ou littérateurs qui ont été nommés, de 1635 au 31 décembre 1838, dans les trois académies, française, des inscriptions et des sciences, c'est-à-dire pendant le cours de deux siècles.

« Dans ce nombre ne sont pas compris les associés

ou correspondans étrangers, à l'exception toutefois de ceux qui, soit par leur célébrité, soit par leur séjour en France, soit par l'emploi habituel de la langue française dans leurs ouvrages, ont, pour ainsi dire, obtenu leurs lettres de naturalité, tels que Saussure, de Candolle et de Humboldt.

« Après ces éliminations faites, des 1100 académiciens il n'en reste plus que 907 sur lesquels les renseignemens sont complets et qui peuvent se classer de la manière suivante, d'après leur âge au moment de leur réception, savoir : de 1635 au 31 décembre 1838.

De 20 à 30 ans,	140
De 30 à 40	242
De 40 à 50	266
De 50 à 60	146
De 60 à 70	90
De 70 à 80	21
De 80 à 85	2
	Total 907

147 académiciens sont nés dans les provinces du midi.

187   Id.   dans celles du nord.

127   Id.   dans celles du centre.

248   à Paris, et

39   à l'étranger ou dans les colonies.

« Sur le nombre de 907 académiciens qui précède, 573 appartiennent aux anciennes académies, et 333 à l'Institut ; 748 sont morts et 158 sont vivans.

« En réunissant l'âge de tous les académiciens au

moment de leur nomination, on trouve un total de 39,976 ans, ce qui donne à chacun d'eux 44 ans et un mois. En distinguant entre les académies : l'âge moyen pour l'académie française est de 46 ans et un mois ; pour l'académie des inscriptions, de 45 ans 6 mois, et pour l'académie des sciences, de 41 ans 5 mois.

« Envisagée sous un autre rapport, la vie des académiciens présente les résultats suivans :

« Les 748 membres qui n'existent plus ont bien ensemble 51,542 ans ; ce qui, réparti entre chacun d'eux, donne une moyenne de 68 ans 10 mois ; mais ce chiffre varie encore suivant l'âge d'admission.

« Il est : pour l'académie française, de 69 ans et 1 mois ;

« Pour l'académie des inscriptions et belles-lettres, de 70 ans et 1 mois ; et pour l'académie des sciences, de 67 ans et 11 mois.

« Ainsi le terme extrême est de 70 ans. »

J'ajouterai que M. Cassini, de l'académie royale des sciences, section d'astronomie, est aujourd'hui le plus âgé des membres de l'Institut : il compte 93 ans.

Après avoir parcouru un grand nombre de degrés de l'échelle sociale, je monte jusqu'au sommet, et je crois apercevoir que, de tous les hommes, les souverains sont les seuls dont la longévité semble diminuer.

Cette assertion ayant, surtout, besoin d'être appuyée sur des faits, si le lecteur veut bien me suivre à travers cinquante siècles, nous remonterons jusqu'à Fohi, empereur chinois, pour arriver à Charles-Jean, roi actuel de la Suède. Ce voyage sera un peu long, peut-être, mais non sans quelque intérêt.

Fohi, fondateur de l'empire de la Chine, 2,952 ans avant l'ère vulgaire, vécut 115 ans. Il prit le dragon pour étendard.

Xinung, empereur qui inventa en Chine l'agriculture et la médecine, 2,837 ans avant J.-C., mourut à l'âge de 140 ans.

Hoamti régna 110 ans, 2,697 avant J.-C. C'est lui qui prit le jaune pour la couleur des souverains de l'empire céleste.

Yao régna 100 ans. Il y eut, de son temps et 2,357 ans avant l'ère vulgaire, un déluge de neuf années qui ruina l'empire.

(*Voir* Martini, Kirker et autres historiens de l'empire de la Chine.)

Apaphus le Grand, roi de la fameuse Thèbes aux cent portes, et qui vivait l'an 2248 du monde, régna cent ans.

(*Elémens de l'histoire*, liv. 6, pag. 286 et 289.)

Cyrus Ier ou le Grand fournit également son siècle. Il régnait 360 ans avant notre ère. (Lucien, traduct. d'Ablancourt, tom. 3, pag. 81.)

Selon la Bible, le roi Antiochus Epiphanes mourut à 149 ans.

(*Machabées*, liv. 1, chap. 6, verset 16.)

Arganthonius, roi des Tartesses, aurait vécu 150 ans, s'il faut en croire Anacréon et Hérodote, cités par Lucien tom. 3, page 80.

Goëse, roi des Omaniens dans l'Arabie heureuse, 115 ans, selon Isidore Caracénien.

Mnascire, roi des Parthes, 96 ans.

Agathoclès, roi de Sicile, 95 ans, d'après Démocrite, Caris et Timée.

Azandre, qu'Auguste fit roi du Bosphore, combattit à pied et à cheval jusqu'à l'âge de 90 ans et se laissa mourir de faim à 93, parce qu'il apprit que l'empereur avait donné l'intendance de la guerre à Scribonius. (Lucien, tom. 3, pag. 82.)

Hiéron, roi de Syracuse, à 92 ans, après un règne de 70, selon Démétrius Castillianus.

Massinissa, roi de Numidie, à 90 ans, après en avoir régné 60. Ni la pluie, ni le froid ne purent jamais obliger ce prince à se couvrir la tête. Malgré son grand âge, il conservait toute la vigueur d'un jeune homme, et à 86 ans il eut un fils nommé Metimnatus. Il mourut 148 ans avant J.-C. (Lucien, tom. 3, p. 82.)

Anthéas, roi de Scythie, tué à 90 ans les armes à la main, dans une bataille contre Philippe. (*Id.*, p. 80.)

Synarthocle, roi des Parthes, mort à 87 ans.

Tigranes, roi d'Arménie, à 85 ans, et Mithridate, roi de Pont, à 84 ans.

A partir de l'ère vulgaire, nous ne trouvons que

quatre empereurs d'Occident qui aient atteint 80 ans ; ce sont :

Anastase, Gordien, Justin et Valérien.

Dans le 5ᵉ siècle, nous rencontrons dans les Gaules Attila, roi des Huns, mourant à 124 ans, selon Bonfinius, dans son histoire de Hongrie.

Au 9ᵉ siècle, nous trouvons Piast, roi de Pologne, poussant sa carrière jusqu'à 120 ans, d'après La Bizardière, *Histoire des diètes de Pologne.*

(Il sera question plus longuement, dans la seconde partie, de ces deux souverains, également remarquables, quoiqu'à des titres différens.)

Dans le 13ᵉ sièle, nous voyons en Afrique Muleï-Ismaël, empereur de Maroc, qui, selon un usage aussi barbare que superstitieux, en était également le premier bourreau, exécuter de sa main près de dix mille hommes dans le cours de sa longue carrière, qui ne finit qu'à cent ans passés. (Voltaire, tom. 16, pag. 163, et tom. 18, p. 358.)

Dans le 16ᵉ siècle, nous rencontrons le roi d'A-romaïa, âgé de 110 ans, allant à pied visiter Guillaume Rawlegh, quoiqu'il eût fait pour cela quatorze milles anglais (environ trois lieues), et retourner le même jour chez lui.

Ce fait est rapporté par Rawlegh lui-même dans la *Découverte de la Guiane*, et par Hakevil, *De la providence de Dieu dans le gouvernement du monde.*

En traversant le 17ᵉ siècle, nous sommes témoins, dans l'Inde, d'une bataille livrée par un vice-roi, tyran de ce pays, contre un autre tyran, et dans laquelle l'un des deux, nommé Anaverdikan, est assassiné par un de ses officiers, à l'âge de 107 ans, et après avoir ramené ses soldats trois fois à la charge. (Voltaire, tom. 21, p. 260; Lequien, 1820.)

Enfin, posant le pied sur le seuil du 18e siècle, nous nous trouvons, non sans effroi, face à face avec le sultan Aureng-Zeb, Néron de l'Asie, et empereur du Mogol. Voici l'opinion de Voltaire à son sujet :

« Les deux usurpateurs Aureng-Zeb et Muleï-Ismaël furent, de tous les rois de la terre, ceux qui vécurent le plus heureusement, si ce n'est le plus long-temps. La vie de l'un et de l'autre a passé cent années. Cromwell, aussi méchant qu'eux, vécut moins, mais régna et mourut tranquille. Si on parcourt l'histoire du monde, on voit les faiblesses punies, mais les grands crimes heureux, et l'univers est une vaste scène de brigandage abandonnée à la fortune... » (Tom. 18, pag. 358.)

La même hypocrisie que nous avons vue dans Cromwell se retrouve dans Aureng-Zeb; la même dissimulation et la même cruauté avec un cœur plus dénaturé. Il se ligua d'abord avec un de ses frères, et se rendit maître de la personne de son père, Sha-Gean, qu'il tint toujours en prison; ensuite il assassina ce même frère, dont il s'était servi comme d'un instrument dangereux qu'il fallait exterminer; il poursuit ses deux autres frères, dont il triomphe, et qu'il fait enfin étrangler l'un après l'autre.

Cependant le père d'Aureng-Zeb vivait encore. Son fils le retenait dans la prison la plus dure ; et le nom du vieil empereur était souvent le prétexte de conspirations contre le tyran. Il envoya enfin un médecin à son père, attaqué d'une indisposition légère, et le vieillard mourut (1666) : Aureng-Zeb passa dans toute l'Asie pour l'avoir empoisonné. Nul homme n'a mieux montré que le bonheur n'est pas le prix de la vertu : souillé du sang de ses frères, et coupable de la mort de son père, il réussit dans toutes ses entreprises, et ne mourut qu'en 1707, âgé d'environ 103 ans.

Jamais prince n'eut une carrière si fortunée. Il ajouta à l'empire des Mogols les royaumes de Visapour et de Golconde, tout le pays de Carnate, et presque toute cette grande presqu'île que bordent les côtes de Coromandel et de Malabar. Cet homme, qui eût péri par le dernier supplice, s'il eût pu être jugé par les lois ordinaires des nations, a été sans contredit le plus puissant de l'univers. La magnificence des rois de Perse, tout éblouissante qu'elle nous a paru, n'était que l'effort d'une cour médiocre qui étale quelque faste, en comparaison des richesses d'Aureng-Zeb.

De tous les temps les princes asiatiques ont accumulé des trésors ; ils ont été riches de tout ce qu'ils entassaient, au lieu que dans l'Europe les princes sont riches de l'argent qui circule dans

leurs états. Le trésor de Tamerlan subsistait encore, et tous ses successeurs l'avaient augmenté.
Aureng-Zeb y ajouta des richesses étonnantes : un
seul de ses trônes a été estimé par Tavernier 160
millions de son temps, qui en font plus de 300 du
nôtre. Douze colonnes d'or, qui soutenaient le dais
de ce trône, étaient entourées de grosses perles :
le dais était de perles et de diamans, et le reste
proportionné à cette étrange magnificence.

Le jour où l'on pesait l'empereur dans des ba-
lances d'or, il recevait pour plus de 50 millions de
présens, etc. (Tom. 18, pag. 384.)

Le jugement porté sur ce souverain, par l'historien Désormeaux, est plus sévère encore :

« Le 4 mars 1707, Oramgzeb ou Aureng-Zeb,
empereur mogol, meurt âgé de 101 ans. Fourbe et
cruel, sa vie ne fut que trop longue. Il ne se con-
tenta pas, sous les habits d'un fakir, de fomenter
et de nourrir des troubles, à l'effet de monter sur
le trône. Les crimes accumulés lui servirent de
degré pour parvenir à ce haut rang. Poison, assas-
sinats, ruses cachées et force ouverte, il employa
tout pour assouvir son ambition. Il fit empoison-
ner son propre père et étrangler ses frères, afin de
n'avoir plus de compétiteurs à l'empire. La nature
sembla ne lui accorder de longs jours que pour
lui donner la facilité de multiplier ses forfaits. Il
fut probablement le plus cruel et le plus heureux
de tous les tyrans, si c'est un bonheur de jouir
long-temps du fruit de ses crimes. » (*Histoire des
conjurations,* tom. 9, pag. 477.)

D'Aureng-Zeb nous passons au souverain qui représente, en France, la limite extrême de la longévité royale.

En effet, de tous les rois de France, Louis XIV est le seul qui ait atteint 77 ans. Né en 1638, il mourut en 1715, après un règne de 60 ans, exercé sans aucune espèce de contrôle et dans la plénitude de sa volonté souveraine.

Et dans les 83 rois qui ont régné sur ce beau pays, on ne trouve que 3 septuagénaires.

La Chine, qu'il faut encore citer, nous montre Keen-Lung, aïeul de l'empereur actuel, mort en 1820, à l'âge de 79 ans, et après un règne égal à celui de Louis XIV.

Enfin, parmi les 52 souverains actuellement régnant en Europe, on ne trouve également que trois septuagénaires. Ce sont :

Ernest-Auguste, roi de Hanovre, âgé de 70 ans; — Grégoire XVI (Maur-Capellari), pape, 76; — et Charles XIV (Jean), roi de Suède, 78 ans.

Né le 26 janvier 1764, dans celui des départemens de la France (1) qui fournit le plus de centenaires, et acclimaté, depuis un quart de siècle, dans une contrée favorable à la longévité, S. M. le roi de Suède sera, selon les probabilités, long-temps encore le doyen des souverains de l'Europe.

Pour compléter ce qui a trait aux têtes couron-

---

(1) Les Basses-Pyrénées. Voir, 3ᵉ partie, l'Etat des centenaires décédés dans chacun des 86 départemens.

nées, ajoutons que sur 300 papes, 5 seulement ont atteint ou dépassé 80 ans, quoique ordinairement septuagénaires au moment de leur exaltation à la chaire de Saint-Pierre; qu'un seul, l'anti-pape Benoît, connu sous le nom de Benoît XIII, est arrivé à 90 ans, et que deux sont décédés centenaires, savoir :

Grégoire-le-Grand, le 12 mars 604, et Grégoire IX, le 20 août 1241. (*Art. de vérif. les dates.*)

Nous voici enfin parvenus au terme du voyage, après avoir parcouru 50 siècles, visité 60 nations, passé en revue 2,500 empereurs, rois, chefs de peuples ou papes, et constaté que depuis six cents ans aucun souverain, en Europe, n'a fourni son siècle.

La succession des idées conduit à parler du clergé.

Le doyen de l'épiscopat français est M. l'évêque de Strasbourg. Il a 88 ans. Disons, en passant, que, depuis 11 ans, l'Église de France a perdu 46 évêques.

Le doyen du Sacré Collége, composé de 56 cardinaux, est S. E. Fabrice-Sceberas Testaferrata, né le 20 avril 1750, et âgé de 92 ans.

M. Roquelaure, archevêque de Malines, né en 1721, à Roquelaure, diocèse de Rodez, est décédé à Paris, le 24 avril 1818, à l'âge de 97 ans. Quoique atteint de surdité, il assistait encore régulièrement aux séances de l'Académie française, dont il était le doyen, et il conserva jusqu'à la fin les manières polies et aimables d'un prélat qui avait fréquenté long-temps la cour.

M. l'abbé Grasset, mort en décembre 1841, à Bagnères, département des Hautes-Pyrénées, a atteint également 97 ans.

On compte en France beaucoup de vieux prêtres pensionnés, à ce point qu'on a pu croire que les certificats de vie étaient entachés de faux, à raison de la rareté des décès; mais le plus âgé des ecclésiastiques est probablement M. l'abbé Noël, existant dans le diocèse de Verdun, département de la Meuse. Il a 98 ans, et exerce toujours ses fonctions pastorales. Il a conservé ses sens dans leur intégrité, et il lui reste encore assez de force pour cultiver lui-même son jardin.

Le doyen du clergé du diocèse de Belley, département de l'Ain, et peut-être celui de tout le clergé français, M. Métral, curé de Lhuys, est décédé le 31 août 1841, à l'âge de 99 ans. Il était né en 1742, avait reçu les ordres à 23 ans, sous le règne de Louis XV, et en était à sa 77e année de prêtrise. Il avait conservé l'usage de toutes ses facultés et remplissait encore les devoirs de son ministère. Il était même venu assister à une retraite ecclésiastique à Bourg, il y a peu d'années.

Enfin, le doyen Virgile Pescetelli, promoteur de la foi dans la congrégation des rites sacrés, mort à Rome en janvier 1841, à l'âge de 100 ans, était le plus ancien prélat de l'Église.

Des catégories passées en revue jusqu'à présent,

les ecclésiastiques paraissent appartenir à celle dont l'action vitale a le plus d'énergie; mais je me hâte d'ajouter que la continence ou la chasteté n'est pour rien dans ce résultat, car j'aurai occasion de prouver, dans la troisième partie, que l'état de mariage est plus favorable à la longévité que le célibat.

Une existence assurée et tranquille, *il dolce far niente,* sont probablement les causes d'une longue vie chez les ecclésiastiques.

J'ai même trouvé quelques centenaires parmi les curés de campagne des 17ᵉ et 18ᵉ siècles, et ils figurent dans la troisième partie, articles Italie et France.

En remontant vers les premiers siècles de l'ère vulgaire, j'en ai rencontré également quelques uns parmi les solitaires, les Pères de l'Eglise ou les personnages canonisés. Je les donne ici d'après la *Vie des Saints,* de Mesenguy, et en les considérant sous un rapport purement historique.

Saint Jean, dit l'Évangéliste, disciple de J.-C., naquit en Galilée. Il était fils de Zébédée et de Salomé, et frère de saint Jacques le Majeur. Ces deux frères gagnaient leur vie à la pêche, ainsi que leur père.

On croit que Jean était le plus jeune de tous les apôtres, et cela paraît être, si l'on considère le grand nombre d'années qu'il a vécu après le Christ. Il avait, d'ailleurs, une conduite irréprochable.

Lors de la persécution de Domitien, Jean fut conduit à Rome et endura, dit-on, un supplice auquel résista sa forte constitution. Exilé à Pathmos, et condamné au travail des mines et des carrières, il ne tarda pas à sortir de cet exil par suite de la mort de Domitien. Revenu à Éphèse, il avait plus de 90 ans quand il commença son évangile, et il mourut dans cette ville, âgé d'environ 100 ans. (Mesenguy, t. 2, pag. 531-536.)

Saint Jean-le-Silencieux, né à Nicopolis en Arménie, l'an 454. Ses père et mère comptaient des généraux d'armée et des gouverneurs de province dans leur famille.

Devenu maître de sa fortune, il l'employa à bâtir une église et un monastère où il se retira. Il était à peine âgé de 28 ans, lorsque l'archevêque de Sébaste l'ordonna évêque de Colonie.

Pasinique, son beau-frère, gouverneur d'Arménie, persécutant les chrétiens, Jean se rendit à Constantinople, pour s'en plaindre à l'empereur Zénon, et il obtint justice. Mais ensuite il abandonna l'épiscopat pour se retirer dans le monastère de Saint-Sabas, près Jérusalem, où il vivait encore en 558, étant âgé de 104 ans. (Mesenguy, tom. 1, pag. 482.)

Saint Jean de Damas naquit dans cette ville de Syrie, vers l'an 676. Son père avait beaucoup de fortune et occupait des emplois considérables. Lui-même fut élevé à de grandes places, auxquelles il renonça bientôt, pour se faire moine dans le monastère de Saint-Sabas près Jérusalem, où il résida constamment, en composant quelques ouvrages ascétiques. Il mourut l'an 780, âgé de 104 ans.

Saint Antoine, né en 251, dans un village de la Haute-Egypte, nommé Coma, de parens nobles et riches.

Son père et sa mère étant morts lorsqu'il n'avait encore que 18 ans, il resta seul avec une sœur dont il prit soin, et à qui il avait réservé une partie de son patrimoine, après avoir vendu le reste pour en distribuer le montant aux pauvres. Il se retira dans une petite cellule près de son village, où il travaillait pour gagner sa vie. Il ne retenait de son salaire que ce qui était indispensable à sa subsistance, et donnait encore le surplus aux pauvres.

Le désir d'une plus grande solitude lui fit quitter sa cellule, pour aller loin de son village s'enfermer dans un tombeau ou mausolée. Plus tard, et vers l'âge de 30 ans, il prit la résolution de se retirer dans le désert. Après avoir passé le Nil, il s'arrêta dans un vieux château abandonné depuis longtemps, où il s'enferma pour vivre seul.

On lui apportait du pain deux fois l'année; car, dans la Thébaïde, on en manipulait alors qui se conservait pendant un an sans se corrompre.

A diverses reprises il quitta sa solitude : la première fois, à l'occasion de la persécution renouvelée en 311 par l'empereur Maximilien contre les chrétiens ; la seconde et la troisième fois, pour se rendre à Alexandrie. Sa réputation alla jusqu'à la cour de Constantin. Cet empereur et ses enfans lui écrivirent plusieurs fois et témoignèrent un grand désir de recevoir de ses lettres.

Saint Antoine ne mangeait qu'une fois par jour, ou de deux en deux jours, après le soleil couché. Il se nourrissait de pain et de sel, et ne buvait que de l'eau. Son lit était composé d'une simple natte et, le plus souvent, il couchait sur la terre. Son vêtement consistait en un manteau de peau de mouton, en une ceinture et un capuce. Jamais il ne se frottait d'huile et ne prenait de bain, ce qui était alors, en Egypte, une austérité remarquable.

Il mourut en 356, à l'âge de 105 ans. (Mesenguy, *Vie des saints*, tom. 1, pag. 122 à 132.)

Son compagnon inséparable, et l'inimitable Tentation de saint Antoine, par Calot, ont rendu ce père des solitaires à jamais célèbre.

Saint Paul, né dans la Thébaïde en Égypte. Sa fortune le mit en état de faire de bonnes études, et il se rendit fort habile dans les sciences des Grecs et des Romains. La persécution de l'empereur Dèce contre les sectateurs du Christ l'obligea de se retirer dans la solitude.

Sur la fin de sa vie, il fut visité par saint Antoine, alors âgé de 90 ans, et qui lui ferma les yeux. Paul mourut l'an 342, après avoir atteint l'âge de 113 ans. (Mesenguy, tom. 1, pag. 96.)

Saint Narcisse, évêque, naquit vers la fin du 1er siècle de l'Eglise. Il avait près de 80 ans, lorsqu'il fut choisi pour gouverner l'Église de Jérusalem. Vers l'an 195, il se trouva au concile de Palestine, assemblé pour fixer le jour de la célébration de la Pâque.

Une calomnie dirigée contre lui par des misérables l'obligea à se démettre de son siége. Puis, sur les vives instances d'un grand nombre de personnes, il reprit temporairement l'administration de son église ; mais son extrême vieillesse le força bientôt à se démettre en faveur d'Alexandre.

Eusèbe nous a conservé une lettre où ce coadjuteur s'exprime dans les termes suivans :

« Narcisse vous salue et vous conjure, comme « moi, de conserver la paix et l'union entre vous. « C'est lui qui a gouverné l'Église de Jérusalem « avant moi. Il a présentement 116 ans passés. » (Mesenguy, tom. 2, p. 353.)

Saint Acace, évêque de Bérée en Syrie, meurt l'an 434, à l'âge de 115 ans, étant né en 319. Il défendit la foi à Rome en 377, fut nommé évêque en 379, assista à divers conciles, et notamment à celui de Constantinople, en 381.

On a de lui des lettres à saint Epiphane, à saint Cyrille, à Alexandre de Hiéraple et à Atticus de Constantinople. (Ceillier, *Hist. des auteurs ecclés.*, tom. 13, pag. 207.)

Deux ou trois autres centenaires de cette catégorie, ayant atteint ou dépassé 120 ans, ont été placés dans la seconde partie.

Ministres.—A trente siècles de distance, ils fournissent trois centenaires, savoir :

Joseph, fils de Jacob et de Rachel. Qui ne connaît l'histoire de cet humble fils du célèbre pasteur hébreu ? Je me bornerai à rapporter le discours laconique, mais expressif, adressé par Pharaon, roi d'Egypte, à Joseph en lui conférant la dignité de ministre : « Où pourrais-je trouver quelqu'un plus « sage que vous, ou même semblable à vous? Je « vous établis donc sur ma maison; je vous donne « l'autorité sur mon royaume ; tout le peuple « obéira à vos ordres, et vous n'aurez au dessus de « vous que le trône royal. »

Joseph est ordinairement représenté sous les traits d'un adolescent. Or, né en Mésopotamie 1525 ans avant l'ère vulgaire, « il mourut à 110 ans ac- « complis, et son corps ayant été embaumé, fut mis « dans un cercueil en Égypte.» (S. B., *Exode*, pag. 49, chap. 50, verset 25.)

Nisam-Elmoluk , grand-chancelier de l'empire sous Mahomet-Sha, parvint à l'âge de 100 ans révolus.

Le fait est rapporté par Voltaire qui ajoute : « Le « climat de l'Inde est sans contredit le plus favora- « ble à la nature humaine. Il n'est pas rare d'y « voir des vieillards de six-vingts ans... Quiconque « est sobre dans ces pays jouit d'une vie longue et « saine.» (Voltaire, tom. 21, pag. 260. Lequien, 1821.)

Le 2 novembre 1680, Messire Nicolas Lefebvre, seigneur de Lézeau , meurt à Paris dans la 100e année de son âge. Peu de jours avant son décès, il assistait encore aux conseils du roi Louis XIV. On plaça sur son tombeau, dans l'église des chanoines, rue Saint-Antoine, à Paris, une inscription latine qui commençait ainsi : *Resurrectionem à mortuis hic exspectant,* etc., et dont voici la traduction :

« Ici reposent, en attendant la résurrection, les restes de Messire Nicolas Lefebvre, seigneur de Lézeau, qui, en passant par tous les degrés des honneurs, est arrivé à sa 100e année. Reçu d'abord au grand conseil, ensuite juge intègre au parlement de Paris, et maître des requêtes ; enfin, comte palatin et président du conseil d'état, il a rempli une carrière séculaire de ses titres d'honneur et de l'ornement de toutes les vertus. » (*Dictionnaire de la noblesse,* de La Chesnay-des-Bois.)

Dans le siècle actuel, M. le comte Siméon, ancien ministre sous l'empire et la restauration, est celui qui a le plus approché de la centaine : il est mort récemment à 93 ans.

Enfin, parmi les diplomates, on trouve François-Albert, comte de Vignacourt, envoyé de France à Vienne en Autriche, mort dans l'exercice de ses fonctions, le 6 juin 1700, à l'âge de 103 ans, sur la paroisse des Écossais, d'après un extrait mortuaire en bonne forme délivré à sa famille. Dans un âge aussi avancé, ce diplomate remplissait ses fonctions avec la finesse et l'habileté de l'homme d'état rompu aux négociations. (De Longueville Harcouet, pag. 105.)

Nous venons de parcourir les degrés supérieurs de l'échelle sociale, et nous y avons heurté çà et là quelques rares centenaires ; il faut donc principalement chercher sur les degrés inférieurs ces êtres privilégiés qui, après avoir atteint le terme ordinaire de la vie, ont semblé rajeunir ou reprendre de nouvelles forces pour parcourir ensuite, d'un pas mieux assuré, cette longue carrière qui nous étonne.

Tel sera l'objet de la seconde partie. Après l'avoir lue, bien des doutes ou des préventions pourront être dissipés; car il paraît difficile de résister à l'évidence de faits attestés par des témoins oculaires, des historiens graves, des inscriptions tumulaires, des auteurs accrédités ou des feuilles publiques parlant, pour ainsi dire, *de visu;* enfin par les extraits des registres conservés dans les archives de l'état civil ou du clergé.

L'auteur lui-même a dû modifier ses idées à ce sujet. Dans un *Mémoire sur les Macrobies,* couronné en 1840 par la Société française de statistique universelle, il avait émis une opinion hasardée sur quelques contrées et certaines professions dans lesquelles il ne croyait pas qu'on trouvât des centenaires. Aujourd'hui, mieux informé, il reconnaît volontiers qu'il s'était trompé.

Au moment de mettre sous presse, je trouve dans le journal des travaux de cette société (vol. 7 de la 3ᵉ série, décembre 1841) un article de M. Huferand *sur la durée de la vie humaine :* je suis heureux de m'être rencontré avec le célèbre docteur sur quelques faits essentiels; M. Huferand a, d'ailleurs, examiné la question dans son ensemble et sous un point de vue nouveau et élevé, c'est-à-dire en physiologiste éclairé, en moraliste et en philosophe : hautes spécialités auxquelles j'ai dû rester étranger.

Au surplus, cette circonstance me fournit l'occasion de réparer une omission, celle relative aux médecins, parmi lesquels je n'ai trouvé qu'une douzaine de centenaires dans les siècles anciens et modernes. Ils figurent dans les deuxième et troisième parties. Voici l'opinion de M. Huferand sur les causes du petit nombre de macrobies de cette catégorie :

« La mortalité est plus grande parmi les médecins praticiens que dans une autre profession.

« Les praticiens sont effectivement moins en état que personne de se conformer aux règles d'hygiène et de prudence qu'ils prescrivent aux autres ; il y a peu de professions qui épuisent autant que la leur le corps et l'esprit en même temps.

« Les scènes déchirantes qui se passent chaque jour sous leurs yeux, et même les injustices sans nombre qu'ils éprouvent, les peines morales qui sont inséparables de l'exercice de leur profession, finissent par ne plus les émouvoir. C'est ainsi qu'un médecin qui a terminé heureusement son temps d'épreuve peut espérer d'arriver à la vieillesse. »

DEUXIÈME PARTIE.

SOMMAIRE.

Biographie de cent vingt centenaires anciens et modernes, depuis l'âge
de 120 jusqu'à 200 ans.—Comparaison entre les patriarches bibliques
et les centenaires modernes, — puis entre les exemples de longévité
inqualifiables cités par la Bible, des patriarches antérieurs à Abraham,
et quelques personnages nommés par les historiens modernes.—Parallèle entre la durée de la vie de l'homme et celle de plusieurs oiseaux,
quadrupèdes et poissons.—Arbres extraordinaires par leur durée.

> Le vrai peut quelquefois n'être pas vraisemblable.
> BOILEAU, *Art poétique.*

La nomenclature des centenaires, à partir de
100 ans, serait aussi longue que fastidieuse. Je
prendrai donc comme point de départ l'âge de
120 ans, en remontant jusqu'à Abraham, c'est-à-
dire en embrassant une période de 4,000 ans; et
je donnerai de préférence la biographie des macrobies qui, indépendamment de leur âge phénoménal, ont présenté quelques particularités remarquables ou peu connues.

O vous, Effingham, Drackenberg, Winsloë, Outrégo, Cauchie, Parr, Obst, Priou, Surrington,
Jenkins, Rowir et Zortan, qui, à vous seuls, eus-
siez soudé (1) les anneaux de la chaîne des siècles

---

(1) L'addition de l'âge de ces douze centenaires donne un total de
1884 ans, dont la moyenne est de 157.

depuis le berceau du christianisme jusqu'à nos jours, venez prouver que l'espèce humaine n'a pas dégénéré, que l'homme est aussi vigoureux et sa vie d'une aussi longue durée dans l'ère moderne qu'aux temps historiques les plus reculés !

Moïse, fils d'Amran et de Jocabed, de la tribu de Lévi, naquit dans la terre de Gessen, l'an 1571 avant J.-C.

Qui ne connaît la vie et que dire de ce célèbre législateur des Hébreux qui n'ait été déjà rapporté par un grand nombre d'auteurs de tous les siècles et de toutes les nations ?

Je me bornerai donc à rappeler que :

« Moïse mourut et fut enseveli dans la vallée « du pays de Moab, vis-à-vis de Phogor.

« Il avait 120 ans ; sa vue ne baissa point pen- « dant tout ce temps, et ses dents ne furent point « ébranlées. » (Deutéronome, chap. 34, v. 7, p. 194.)

S. Siméon ou Simon, fils de Cléophas et de Marie, sœur de la Vierge, et, par conséquent, cousin germain de J.-C.

Il fut évêque de Jérusalem.

Cestius, général romain, ayant assiégé cette ville, les chrétiens, sous la conduite de Simon, en sortirent et se retirèrent à Pella, ville située au delà du Jourdain.

Etant retourné ensuite à Jérusalem, Simon fut dénoncé à Attique, gouverneur de la Palestine, comme descendant de David et comme chrétien.

Il fut crucifié à l'âge de 120 ans, sous Trajan, l'an 107 de l'ère vulgaire. (Mesenguy, tom. 1, pag. 252.)

En 861 meurt, à l'âge de 120 ans, Piast, habitant de Cujavie, élu roi de Pologne en 842.

Voici ce qu'on lit, à son sujet, dans un historien du 17ᵉ siècle :

Lors de la diète qui précéda l'élection de Michel Cornibut au trône de Pologne, en 1669, Opalinski, palatin de Kalisch, harangua l'assemblée en ces termes :

..... « Examinons ce qui s'est passé chez nous « dès le commencement de la monarchie. Le « royaume se trouva divisé comme il l'est aujour- « d'hui; la diète fut rompue, et les malheurs dont « on était menacé firent écouter la raison. On con- « voqua une autre assemblée, et on choisit en Po- « logne un homme pour la gouverner; ce fut le « nommé Piast, d'origine polonaise; et cet homme, « sans biens et sans naissance, gouverna le « royaume si sagement que sa mort, quoiqu'ar- « rivée à l'âge de six-vingts ans, fut très sensible à « la république. » (*Histoire des diètes de Pologne*, par M. de La Bizardière. Paris, Jombert, 1797, in-12.)

En 980, Abou-Beker-Mohammed ou Rhasès meurt à l'âge de 120 ans.

Il naquit en Perse, l'an 860, dans la ville de Rey. Il était fils d'un nommé Zacharie.

Il se livra dans sa jeunesse aux charmes de la musique, et s'adonna ensuite à l'étude de la philosophie et de la médecine avec une telle supériorité qu'à l'âge de 40 ans il passait pour le plus habile médecin de son siècle. Il pratiqua cet art pendant 80 ans. (*Traité de la petite-vérole*, Paulet, tom. 2, Paris.)

Averrhoës (Aboul-Velyd-Mohammed), célèbre philosophe et médecin arabe, naquit à Cordoue, ville d'Andalousie, en 1078.

Il fut plutôt médecin théoricien que praticien ; et il disait qu'on peut se plaire à la théorie de la médecine, mais qu'il faut trembler quand on en fait l'application, à raison de la difficulté de préciser les cas qui se présentent. Aussi, dans son *Collyget*, le plus important de ses ouvrages, s'attacha-t-il plus à la partie spéculative qu'à la médecine pratique.

Sa grande réputation lui attira des ennemis. Ils cherchèrent à le perdre dans l'esprit de l'empereur de Maroc, qui l'avait nommé cadi de la province de Mauritanie, et qui le destitua de ses emplois en l'obligeant à faire amende honorable à la porte de la mosquée, pour se laver de l'accusation d'hérésie intentée contre lui.

Exilé en Espagne, il ne tarda pas à retourner à Cordoue; mais il y fut de nouveau poursuivi et obligé de se réfugier à Fez, où il fut encore condamné à se rétracter de ses erreurs. Enfin, il put retourner dans sa patrie, et le calife Almanzor le rétablit dans ses dignités.

Averrhoës mourut à Maroc, l'an 595 de l'hégire

(1198 de l'ère chrétienne), à l'âge de 120 ans. (Voir de Longeville Harcouet.)

La *Biographie universelle* et le *Dictionnaire de la conversation* renferment des articles fort remarquables sur cet homme célèbre ; mais les auteurs ne font pas connaître l'âge auquel il parvint.

En 1565, Mandinelli (Jean), d'origine italienne, meurt à Toulouse à l'âge de 120 ans. Il fut inhumé dans l'église des Jacobins, où l'on plaça l'épitaphe suivante sur son tombeau :

« Arrêtez-vous un moment, passant, et lisez ce « qui suit : Ci-gît Mandinelli, qui a vécu 120 ans ; « il en avait passé 70 avec sa femme, dont il avait « eu 24 enfans. Il est mort l'an 1565. Voilà ce que « je voulais vous apprendre, crainte que vous ne « l'ignoriez ; continuez votre route, et priez. » (*Bigarrures de Des Accords.*)

En 1600, Brawn, Irlandais, cultivateur, meurt, dans le comté de Cornouailles, à l'âge de 120 ans.

Né avant l'établissement des registres de paroisse, il fut obligé, dans les dernières années de sa vie, de mendier pour subsister.

On lui fit l'épitaphe suivante, facétieuse assurément, surtout eu égard au caractère du peuple anglais, dont la gaîté n'est pas proverbiale :

« Sous cette pierre gît Brawn, qui, par la seule « vertu de la bière forte, sut vivre cent vingt hi- « vers. Il était toujours ivre, et, dans cet état, si « redoutable que la mort même le craignait. Un

« jour que, malgré lui, il se trouvait rassis, la mort,
« devenue plus hardie, l'attaqua et triompha de cet
« ivrogne sans pareil. » (*Curiosités admirables de
l'Angleterre*, par Burton.)

En 1666, M. Chrétien Mentzellius, médecin de
l'électeur de Brandebourg, qui accompagna ce
prince dans un voyage qu'il fit à Clèves, y rencontra un vieillard âgé de 120 ans, et qui se faisait
voir pour de l'argent. « La force de sa voix, dit-il,
« marquait celle de sa poitrine; car, ayant parcouru
« tous les tons de la gamme chromatique, il fut
« entendu à plus de cent pas. Ayant ensuite ou-
« vert la bouche, il nous fit voir deux rangs de dents
« très blanches. Il nous raconta qu'étant allé à La
« Haye, deux ans auparavant, il avait appris qu'il
« s'y trouvait un vieillard anglais, âgé de 120 ans,
« et que, l'ayant été visiter, il le félicita sur son
« droit d'aînesse, mais qu'il lui dit en même temps
« qu'un mal de tête qu'il ressentait, accompagné
« de grandes douleurs aux mâchoires, lui faisait
« croire qu'il n'aurait pas l'honneur d'atteindre à
« son âge; que le vieillard anglais le détrompa et
« l'assura, au contraire, qu'il allait rajeunir, puis-
« que les douleurs qu'il éprouvait étaient l'annonce
« de nouvelles dents, qu'il en était une preuve vi-
« vante, puisqu'il s'était trouvé dans le même cas,
« et que toutes ses dents avaient percé successive-
« ment. »

Voici un autre exemple de cette singularité, il
s'agit d'un ministre d'Angleterre. A l'âge de plus

de 100 ans, de nouvelles dents et de nouveaux cheveux lui revinrent, sa vue se fortifia, les incommodités de la vieillesse disparurent, et il se fit en lui un renouvellement de tous les sens qui faisait croire qu'il vivrait 200 ans. Il mourut, toutefois, à Neufchâtel, à l'âge de 114 ans. (Plempius, *Fundamentum medicinæ*, Louvain, 1665.)

Le 16 octobre 1754, Anne Leroux, veuve en premières noces de Jean Demas, aubergiste, et, au jour de son décès, de Jean Druart, cocher, native de Dormont, hameau entre Vernon et Gaillon, diocèse d'Evreux, meurt à Paris dans sa 120° année (119 ans et 9 mois), rue Saint-Jacques, près la rue du Plâtre, à la Croix-d'Or, paroisse Saint-Severin, où on lui fit de magnifiques obsèques.

On rapporte qu'elle se souvenait parfaitement d'un incendie qui, en 1646, c'est-à-dire 108 ans auparavant, avait détruit Dormont, son lieu de naissance, quoiqu'elle n'eût alors que 12 ans.

Nombre de personnes de la plus haute distinction étaient venues la visiter quelques mois avant sa mort, époque à laquelle elle jouissait encore de ses facultés intellectuelles. (Lottin, *Almanach de la vieillesse*, t. 1, pag. 94.)

Le 21 décembre 1757, Maulmy (Jean), de la paroisse de Sainte-Innocence, diocèse de Sarlat, meurt dans la 120ᵉ année de son âge.

Voici la copie de son acte de décès :

« Le 21 décembre 1757 est décédé Jean Maul-
« my, dit Cavallier, âgé de 119 ans 11 mois 11

« jours, dans sa maison, au Bretonnay. Ses proches
« m'ont dit qu'il était mort sans se plaindre d'aucun
« mal. Il a conservé la mémoire et le bon sens jus-
« qu'à son dernier moment. Son corps a été in-
« humé dans le cimetière, en mon absence, par
« M. le curé de Montbord; présens, Jacques Bley-
« ton, Michel Borde, et plusieurs autres, qui n'ont
signé pour ne savoir, de ce interpellés. Signé Bon-
hore, prieur de Sainte-Innocence.

M. de Brugière, intendant, qui avait vu l'extrait
de naissance de ce vieillard, dit que, n'étant pas né
riche, il a toujours vécu à la sueur de son front;
qu'il s'est, par conséquent, nourri comme les laboureurs du pays, c'est-à-dire de pain sec, de pain
en soupe, de fèves, de blé d'Espagne et de quelques morceaux de cochon salé; n'ayant jamais eu,
d'ailleurs, pour boisson, que de la piquette et plus
ordinairement de l'eau. Il a toujours été sobre en
tout et n'a jamais fait usage de tabac. Il a conservé jusqu'à sa mort l'ouïe, la vue et la majeure
partie de ses dents. A l'âge de 118 ans, il vint à
cheval, de chez lui, chez M. Brugière, qui demeurait à deux lieues de là. Vers cette époque, il eut
envie d'aller à Bordeaux, espérant qu'on viendrait
le voir par curiosité, et que, par ce moyen, il amas-
serait quelque argent; mais il changea de projet,
parce que M. de Rouville, qui était venu le visiter,
lui assura une pension viagère de 120 livres tournois.

Ses cheveux étaient devenus fort blancs, et son

cou était si fort entré dans ses épaules qu'en ne le voyant que par derrière sa tête ne paraissait presque pas, ses épaules formant une espèce de voûte qui la couvrait. Il vendait, tous les trois ans, ses cheveux pour la somme de quinze livres. On lui a entendu dire qu'il ne s'était jamais mis en colère, mais il était sensible aux attentions et au respect que l'on témoignait pour son grand âge. (Lottin, *Alm. des cent.*, 1767, pag. 63-65.)

Le 20 novembre 1760, Cottrel (Charles) meurt à Philadelphie, dans l'Amérique septentrionale, à l'âge de 120 ans, laissant une femme âgée de 115, laquelle ne lui survécut que trois jours. Ce couple de tourtereaux, d'une espèce si vivace et d'une union si exemplaire, comptait 98 ans de ménage. (*Affich. de Prov.*, pag. 28.)

A la même époque, Donald (Jacques), cultivateur, meurt en Irlande, à un mille de Cork, dans sa 120ᵉ année (119 ans et 2 mois). Il avait sept pieds deux pouces de hauteur, mangeait à chaque repas quatre livres d'alimens solides, et buvait à proportion des liqueurs fermentées, sans que sa raison en fût altérée.

Dans sa jeunesse, il avait été exposé, pour de l'argent, à la curiosité publique; mais, ce genre de vie l'obligeant à une existence sédentaire, contraire à sa santé, il s'engagea dans les grenadiers, et servit depuis 1685 jusqu'en 1716. Il prit alors son congé et revint dans son village, où il travailla à la terre, comme journalier, jusqu'à l'âge de 114 ans; et, à dater de cette époque, il se reposa jusqu'à celle de sa mort. (*London Chronicle*, n° 2 ; pag. 16.)

C'est ici le cas de parler du colosse qui, en 1834, existait aux États-Unis.

Il se nommait Modeste Malouet, natif du Canada, et exerçait la profession de charpentier. Sa taille était de 6 pieds 6 pouces ; il était alors âgé de 68 ans et encore vif et agile. Sa démarche était majestueuse et son air patriarcal.

D'une corpulence proportionnée à sa taille, il avait un appétit excessif et pouvait faire une lieue tout d'une traite sans éprouver la moindre fatigue.

Ce géant descendait des premiers colons français établis au Canada. Son père, qui était fermier à Saint-Jean, près de Québec, avait 5 pieds 11 pouces, et Malouet avait lui-même une femme très grande. (*Lanterne magique*, juin 1834.)

Ces deux exemples sembleraient prouver que si, d'un côté, la longévité des modernes égale celle des anciens, de l'autre, la stature des hommes ne paraît pas avoir diminué. On sait, en effet, aujourd'hui, ce qu'il faut croire de ces géans dont les ossemens auraient été découverts sur divers points du globe, et dont l'histoire est racontée par quelques auteurs, notamment par Sigaud de Lafond, qui n'y croit guère.

Ce qu'il paraît y avoir de plus certain à ce sujet, au moins suivant la Bible, c'est Goliath et ses six

coudées un palme (9 pieds 3 pouces), en admettant
que la coudée doive être comptée pour 18 pouces.
Or, d'après Sigaud de Lafond lui-même, on a vu à
Paris, en 1783, un géant de 7 pieds 5 pouces 6 lignes; et, s'il faut en croire un annuaire militaire
publié en Allemagne, lequel passe en revue les
tambours-majors des armées de l'Europe, celui des
gardes hongroises ne le cèderait guère à Goliath.
Enfin, nous avons vu récemment un géant belge,
âgé de 25 ans, et ayant 8 pieds de haut.

Le 12 janvier 1763, Marguerite Krobscowna
mourut dans le village de Conino, en Russie, âgée
de 108 ans. A 94 ans, elle s'était mariée en troisièmes noces à Gaspard Raycourt, d'origine française, et habitant du village de Ciwoulsin, âgé pour
lors de 105 ans, dont elle eut deux fils et une fille.
Ces trois enfans, quoiques pubères, portaient déjà
des marques de leur origine; ils avaient les cheveux blancs, leurs gencives présentaient le vide
que laisse la perte des dents, encore bien qu'ils n'en
eussent eu aucune. Ils n'avaient pas la force de
mâcher les alimens solides, et ne vivaient que de
pain et de légumes; ils étaient assez grands pour
leur âge, mais ils avaient le dos courbé et les autres
symptômes de la décrépitude.

Leur père vivait encore et se trouvait alors
dans sa 120e année. (Sig. de Laf., tom. 1, pag.
386.)

Cet exemple de fécondité extraordinaire, dans
un âge aussi avancé, n'est pas le seul qu'on puisse

citer. En voici quelques uns qui en approchent :

En mars 1742, Mme de Volmcrange meurt à Metz âgée de 100 ans. Elle avait eu 24 enfans, et était accouchée du dernier à 59 ans. Son mari, avec qui elle avait célébré la cinquantaine, était mort à 95 ans. (*Etrennes mignonnes*, 1743.)

Marie-Jeanne-Claude, après avoir épousé, à 61 ans, le sieur Cuny, garde du corps de Louis XIV, accoucha à Tilly, près Verdun, le 20 janvier 1714, d'un garçon, à l'âge de 62 ans. (Verdun, avril 1714, pag. 295.)

La femme du sieur Oblet, échevin d'Oulchy-le-Château, accoucha, le 17 février 1731, à l'âge de 62 ans, de deux filles et d'un garçon. (Verdun, 1731, pag. 313.)

Une femme de la commune de Volx, département des Basses-Alpes, est accouchée, en 1839, d'un garçon, quoiqu'elle fût âgée de 62 ans.

Plus récemment encore, une femme est accouchée à Lyon à l'âge de 63 ans.

Enfin, l'évêque de Séez assura à l'Académie des sciences qu'un homme de son diocèse, âgé de 94 ans, avait épousé une femme de 83, enceinte de ses œuvres, et qui était accouchée à terme d'un garçon.

« Le temps des patriarches est revenu dans ce « diocèse, disait à ce sujet l'historien de l'Académie, « en rapportant ce fait. » (*Dictionnaire des merveilles de la nature*, tom. 1, pag. 303, 1783.)

D'après ces exemples, disparaîtrait, sous ce rapport, une partie du merveilleux de l'histoire de Sara , femme d'Abraham , accouchant d'Isaac à l'âge de 90 ans. (*Genèse*, chap. 17, vers. 17.)

Il ne faut donc pas que les dames s'effraient trop de la première. ride, dont les menace M. de Balzac, dès l'âge de 30 ans, puisque quelques unes peuvent conserver si long-temps le privilège d'être belles, jeunes ou fécondes : à 80 ans Ninon de Lenclos faisait encore des conquêtes.

« J'ai vu , dit Brantôme, Madame de Morevil ,
« mère de la marquise de Merzière, à l'âge de 100
« ans, auquel elle mourut, aussi fraîche, aussi belle,
« aussi droite, aussi dispose et saine qu'en l'âge
« de 50 ans. Elle avait été une très belle femme en
« sa jeune saison. » (Brantôme, *Dames galantes* , tom. 2 ; *Discours* V, pag. 262, Leyde, 1699.)

En décembre 1764, meurt, en Irlande, Patrice O'Neil, né en 1644, et, par conséquent, âgé de 120 ans. Il avait eu sept femmes : il s'était marié, pour la première fois, le 16 août 1675 ; la seconde fois, le 9 juillet 1684 ; la troisième, le 4 mai 1689 ; la quatrième, le 17 mars 1701 ; la cinquième, le 5 juin 1720 ; la sixième, le 9 octobre 1740 ; et enfin, pour la septième fois, le 7 mars 1760, à l'âge de 116 ans, époque à laquelle il épousa une fille de la famille des O'Connor.

Cet homme, si las de veuvage et si avide de mariage, avait servi dans les dragons vers la 17° année du règne de Charles II, et ensuite dans plusieurs autres corps jusqu'en 1740, temps où il obtint son congé. Il avait fait toutes les campagnes du roi Guillaume III et du duc de Marlborough. .

Son genre de vie était fort simple : il n'avait jamais bu que de la bière ordinaire, s'était toujours nourri de végétaux et n'avait mangé de la viande que dans quelques repas de famille. Son usage était de se lever et de se coucher avec le soleil. Il ne restait pas un moment sans s'occuper, et tous les dimanches il allait entendre la messe, accompagné de ses fils, petits-fils et arrière-petits-fils. (*London Chronicle.*)

En septembre 1765, Jorgen Nielsen, cultivateur, meurt dans la 120e année de son âge (119 ans 6 mois) à Kaklew, paroisse de Callundebourg en Zélande.

Cet homme était, malgré son grand âge, tellement robuste et vigoureux que, peu de temps avant son décès, il put assister à deux noces qui se célébraient le même jour dans sa paroisse. (*Courrier de Hambourg*, n° 169, article de Copenhague, du 7 octobre 1765.)

Fleettwood-Scheppard, propriétaire, vit dans ses terres, situées dans le comté d'Essex, âgé de 120 ans. Il jouit non seulement de l'usage de ses sens, mais d'une présence d'esprit étonnante et d'une gaîté bien rare chez un Anglais. (*Courrier d'Avignon*, 2 avril 1768.)

Quoique le fait suivant ne rentre pas dans la catégorie des longévités phénoménales, puisque la personne à laquelle il se rapporte n'a pas atteint

120 ans, il m'a paru néanmoins assez curieux pour trouver place ici. Le lecteur en jugera :

Elspeth Walson meurt à Post, en Ecosse, à l'âge de 115 ans.

Elle n'avait que 2 pieds 3 pouces anglais de hauteur (environ 2 pieds de roi ou 65 centimètres.)

Elle mendiait, quoiqu'elle eût 5o livres sterling (1,200 francs) de rente; et l'on trouva chez elle, après son décès, une somme assez considérable. (*Gazette nation.*, du 15 floréal an 8, 5 mai 1800.)

En général, la longueur de la vie est proportionnelle à la durée de l'accroissement du corps, à la dose de vitalité que l'individu a reçue et à celle qu'il dépense. Par exemple, le voyageur de La Haye, né avec une constitution robuste, mena une vie laborieuse mais réglée, ne fut adulte que longtemps après l'époque commune, se maria et devint père à 70 ans, et vécut jusqu'à sa 120ᵉ année. (Berthelot, *Dict. de la conv. et de la lect.*, tom. 35, pag. 378.)

Dufournel, docteur médecin, mort à Paris, en 1810, à l'âge de 120 ans.

Obligé, pendant la tourmente révolutionnaire, de fuir et de vivre dans les bois, cet infortuné vieillard se cassa une jambe. Seul et sans secours d'aucune espèce, il parvint toutefois à réduire la fracture et à guérir. Mais on jugera de sa force d'ame, de son courage et des souffrances longues et cruelles qu'il éprouva, lorsqu'on saura qu'il était déjà centenaire à cette époque. La claudication fut le résultat de cet accident. Ce centenaire était d'une taille très élevée.

Des jours meilleurs ayant enfin lui sur la France, le docteur Dufournel revint à Paris, et épousa, à l'âge de 110 ans, une jeune fille de 26 ans dont il eut des enfans. (Détails dus à l'obligeance du F.˙. Chappon, R.˙. C.˙. de la loge des F.F.˙. U.˙. de Paris.)

Le F.˙. Dufournel a été installé, le 2 avril 1809, Vén.˙. de la loge Saint-Pierre des F.F.˙. du vrai expert à Paris.

Il avait alors 119 ans et mourut l'année suivante. (Renseignemens communiqués par le secrétariat du G. O.˙. de France.)

Dando, d'origine italienne, cultivateur à Lubiac, département du Gers, meurt en 1833 à l'âge de 120 ans.

D'un caractère doux, d'une forte constitution, il est parvenu au terme de sa carrière sans avoir éprouvé aucune infirmité. Son corps était droit, sa taille élancée, et ses traits n'étaient pas altérés par le temps. (*Voir* les journaux de l'époque.)

Graza (Juon), cultivateur, mort en février 1839, dans le comitat de Zarand en Transylvanie, à l'âge de 120 ans. Il paraissait destiné, par sa force physique et sa bonne constitution, à fournir une carrière plus longue encore ; car son décès a été le résultat d'un accident fortuit : il a succombé aux suites d'une blessure qu'il s'était faite en tombant sur une faux.

Il a laissé un fils portant aussi le nom de Juon Graza, âgé de plus de 100 ans, et un petit-fils de 80 qui, depuis 50 ans, remplit les fonctions de juge seigneurial.

Delpuech (Antoine), cultivateur, décédé en mars 1840, dans la commune de Saint-Cernin (Cantal), à l'âge de 120 ans. Il avait servi pendant la guerre de la succession d'Autriche, sous les ordres du maréchal de Saxe. Le 11 mai 1745, il combattit à Fontenoy et resta, lui cinquième, de sa compagnie commandée par Jean de Calonne. Le souvenir de cette mémorable journée était toujours resté présent à son esprit, et, dans les dernières années de sa vie, il en parlait avec le même feu, la même précision dans les détails, que s'il se fût agi d'un fait récent. Il n'y a pas trois ans qu'on le voyait encore se livrer aux plus pénibles travaux de l'agriculture. Quoique le bourg fût éloigné de son village de plus d'une lieue, Delpuech s'y rendait à pied tous les dimanches pour y entendre la messe; et, chose surprenante dans un âge si avancé, il a conservé jusqu'à sa mort l'entier usage de ses facultés intellectuelles.

Le 18 février 1841, Martin Fédotoff, cultivateur, est décédé dans le village de Gribby, district de Mouron, gouvernement de Wladimir, à l'âge de 120 ans.

Il avait conservé ses forces physiques et ses facultés intellectuelles, jusqu'au dernier moment. (*Moniteur universel du 1er septembre 1841.*)

Saint Arsène, diacre de l'Église romaine, illustre par sa naissance et son savoir, meurt l'an 445 de l'ère chrétienne, à l'âge de 121 ans.

Il fut précepteur de l'empereur Arcade. Théodose, père de ce prince, voyant un jour Arsène donner leçon debout, le fit asseoir, et ordonna à son fils de prendre, à l'avenir, sa leçon debout et tête nue. (*Journal des savans*, in-4°, décembre 1725, pag. 751.)

Ponce le Page, laboureur du village d'Hamipré, près Avesnes, y meurt le 4 janvier 1760, à l'âge de 121 ans.

Il conserva jusqu'au dernier moment sa vue, ses dents, sa vigueur; il jouissait, en un mot, de tous ses sens.

Il cultivait un petit champ de ses propres mains, et, peu de temps avant son décès, il faisait encore des promenades de 6 à 7 lieues. (*Affiches de province*, 1760, pag. 120.)

Cores (Elisabeth), veuve Hilton, meurt le 25 octobre 1760, à l'âge de 121 ans. Elle était née à Liverpool, en Angleterre, de Robert Cores, porteur. Cette femme avait eu trois maris, elle était dans sa 100e année lorsqu'elle épousa le troisième. Six ans avant son décès, elle était sur le point d'en épouser un quatrième, lorsqu'il mourut lui-même, apparemment de la frayeur que lui causa une telle union. Elle passa près d'un siècle dans une maison qu'avait fait bâtir sa mère, au bout de la rue Dale, à Liverpool, ville qu'elle habita constamment. C'était une femme d'environ cinq pieds de haut et très-vigoureuse.

Elle passait sa vie à lire la *Bible* qu'elle savait presque par cœur, à ce point que si l'on citait inexactement un passage, elle le rectifiait aussitôt en indiquant le chapitre et la page. Sa mémoire était tellement locale, qu'elle racontait fidèlement les faits qui avaient eu lieu dans sa jeunesse. Depuis quelques années elle avait perdu toutes ses dents, à l'exception d'une seule qui tomba deux mois avant sa mort. Elle conserva un jugement sain jusqu'au dernier moment et ne fut jamais sujette à aucune maladie, si ce n'est à une espèce de vertige qu'elle éprouva dans la tête, l'année de son décès. Elle avait un bon appétit, mangeait souvent des viandes douces, de la soupe et de la graisse. Elle buvait toujours du vin et de l'eau, ou de la bière, et menait une vie très réglée. On ne la vit se servir de canne que lorsqu'elle fut attaquée de son vertige. Elle a été inhumée, le 26 octobre 1760, dans l'ancienne église de Liverpool (*London chronicle*, 18 novembre 1760.)

Il existe à Cunovaz, en Dalmatie, un berger âgé de 121 ans, et qui a un fils ayant déjà atteint sa 75e année.

Sa mémoire est fraîche et sa vue excellente; il n'a perdu que quelques dents. Il conduit encore lui-même son troupeau dans les pâturages.

Lors des réunions de villageois morlaques, où l'on boit copieusement, il ne se laisse vaincre par

personne pour porter et accepter de nombreuses
santés. (Journaux allemands.)

Dans l'île de Harris existe encore un homme qui
est né en 1720 et âgé, par conséquent, de 121 ans.
Il a été au service de Mac-Leod de Berneira, et fut
un de ceux qui partagèrent son exil dans la grotte
où il se cacha après la bataille de Culloden. Pendant tout le temps qu'ils y restèrent, leurs amis et
partisans leur fournirent en abondance toutes les
choses nécessaires à la vie.

Le nom de cet individu qui a vu mourir génération sur génération est John Martin. Les facultés
de la parole, de la vue et de l'ouïe sont restées in-
tactes chez lui ; il est encore si bien portant et tellement ingambe que, par un beau temps, il gravit
facilement les sommets les plus élevés de l'île.
(*Glascow chronicle*, février 1841.)

En juillet 1705, Jean James, artisan, meurt dans
la province de Northampton, en Angleterre, à l'âge
de 122 ans, et sans avoir jamais fait usage de la
médecine. (De Longeville d'Harcourt, pag. 225.)

Camoux, dit Annibal, né à Nice en 1638, le 18
juillet, mort à Marseille le 18 octobre 1759, dans
la 122ᵉ année de son âge. (121 ans et 3 mois.)

Il avait été manœuvre dans sa jeunesse et il servit ensuite sur les vaisseaux de l'État. Son grand
âge ne se manifestait que par des rides, des cheveux blancs et un peu de surdité. Il buvait beaucoup de vin et vivait d'alimens très grossiers. Sa
confiance dans l'efficacité de la racine d'angélique

était extrême, et il en mâchait continuellement.

Ce vieillard figure dans l'un des tableaux du Louvre, peints par Horace Vernet. Le moment choisi est celui où une dame le présente à l'artiste occupé à prendre une vue de l'intérieur du port de Marseille. (Delandine, Macrobie, tom. 2.)

Content, cultivateur, mort en janvier 1761, dans sa 122ᵉ année (121 ans et 9 mois), à La Croix en Champagne, au diocèse de Reims. Il n'avait aucune infirmité et il marchait encore très bien. Il fut emporté par une mort subite. (*Aff. de Paris*, 1762, pag. 120.)

Le 31 juillet 1554, le cardinal d'Armagnac, passant dans la rue, vit un vieillard âgé de 81 ans qui pleurait sur la porte d'une maison. S. E. lui demanda quelle en était la cause : « C'est, dit-il, que mon père m'a battu pour être passé devant mon grand-père sans le saluer.» Le cardinal apprit alors que le père avait 103 ans et le grand-père 123. (*Étrennes historiques de Gissey*, 1753.)

En 1635, la comtesse d'Arondel présenta à la reine, épouse de Charles Iᵉʳ, roi d'Angleterre, une sage-femme âgée de 123 ans, laquelle, deux ans auparavant, exerçait encore sa profession. (De Longeville d'Harcourt, 1715, pag. 146.)

La dame Barnet, née en 1697, morte en 1820 à Charleston, capitale de la Caroline du Sud, à l'âge de 123 ans. Elle se rappelait les événemens arrivés 100 ans auparavant.

Cette dame, née dans les états de l'empereur de

Maroc, parlait avec une égale facilité l'anglais, le français, l'italien, l'arabe et le mauresque. (Delandine, *Mémoires bibliographiques*.)

Attila, fils de Mandras, tirait son origine des Huns qui avaient combattu les empereurs de la Chine. Au moment où il parut, les Huns n'étaient pas tous soumis aux mêmes chefs. Une partie de cette nation peuplait les bords du Danube, une autre partie vivait encore dans la Sarmatie. Les premiers faisaient une guerre continuelle aux Romains, les seconds attaquaient sans cesse leurs voisins : ainsi, dans le même moment, le même peuple menaçait d'envahir l'Orient et l'Occident, et n'attendait qu'un prince ambitieux pour le conduire à d'importantes conquêtes. Attila fut le prince qui devait surpasser l'espérance de ses sujets. Il succéda en 434 à son oncle Roas, et monta sur le trône conjointement avec son frère Bléda. Le premier acte qu'il fit de sa puissance fut d'imposer à Théodose II des conditions ignominieuses, en l'obligeant à payer aux Huns, chaque année, 700 livres d'or, au lieu de 300 qu'il leur livrait auparavant. Ce traité fut religieusement observé par Attila pendant tout le temps qu'il eut besoin de ses troupes pour soumettre quelques-unes des nations du Nord; mais lorsque celles-ci furent vaincues, le roi des Huns ne balança pas à rompre la paix qu'il avait jurée ; il pénétra dans l'Illyrie et la Thrace, battit les troupes qu'on lui opposa, et ravagea tout le pays de la manière la plus barbare. On ne pouvait pas attendre d'autre traitement d'un homme pour qui rien n'était sacré, et qui venait de faire assassiner son frère Bléda, dans la vue de régner seul sur les Goths, les Huns, les Gépides, les Alains, les Sarmates, les Suèves, les Hérules, les Scythes et les Germains. Théodose acheta de nouveau la paix. Attila, fier de ses avantages, la lui vendit des sommes immenses. 6000 livres pesant d'or passèrent dans le trésor du roi des Huns, et Théodose s'obligea à lui en payer deux mille chaque année. Ces conditions étaient d'un prince faible, qui présumait trop des forces de son ennemi et pas assez des siennes; mais ce que fit ensuite Théodose, en envoyant des émissaires pour assassiner Attila, fut d'un lâche. Attila, qui avait découvert ce projet, menaça l'empereur de toute sa vengeance. Il fallut que de nouvelles sommes d'argent vinssent l'apaiser. Son avarice l'emporta sur son ressentiment.

Voyant que l'Orient n'offrait plus alors de conquête à ses armes, il marcha contre l'Occident. Il entra dans les Gaules avec une armée formidable, et y mit tout à feu et à sang : il venait de se rendre maître d'Orléans, lorsque les Romains, les Goths et les Français, sous les ordres d'Aétius, de Théodoric et de Mérovée, s'avancèrent pour le combattre. Les armées se rencontrèrent dans les plaines de Châlons. Courage, valeur, talens, tout était égal dans les deux camps. La bataille fut longue et sanglante. La nuit seule suspendit le carnage. Il eût recommencé le lendemain, si les débris de l'armée d'Attila eussent voulu venger leur défaite de la veille ; mais le découragement triompha de leur férocité, Attila fut abandonné. C'en était fait de lui dans ce jour, si l'avis de Thorismond, fils de Théodoric qui était resté sur le champ de bataille, eût prévalu. Ce jeune guerrier voulait poursuivre les fuyards ; mais Aétius, général romain, craignant que la défaite totale des Huns n'augmentât trop la puissance de ses alliés, s'opposa à cette résolution, et Attila s'échappa à la faveur des calculs de la politique.

Dès l'année suivante, il repassa en Italie pour se venger des pertes qu'il avait faites dans les Gaules. La ville d'Aquilée fut la première qu'il rencontra. Il l'assiégea, la prit, la pilla, et l'ensevelit sous ses ruines. Il ravagea et détruisit successivement Padoue, Vérone et Mantoue ; Parme, Plaisance et Modène eurent à peu près un sort pareil. Le bruit des villes qui tombaient sous les coups des barbares portait l'effroi dans toute l'Europe. C'est alors que l'on vit de malheureux fugitifs élever au fond du golfe Adriatique quelques pauvres cabanes, qui devinrent dans la suite la magnifique et opulente Venise.

Attila poursuivit ses sanglans avantages. Rome allait succomber, lorsque le pape Léon Ier, pour sauver l'empire, s'exposa à périr lui-même. Il alla trouver le roi des Huns, et lui promit un tribut annuel au nom de Valentinien III. Cette proposition et les conseils des principaux d'entre les Huns, qui représentèrent à Attila qu'un revers de fortune lui ferait perdre tout le fruit de ses victoires, l'engagèrent à repasser le Danube.

Il eût sans doute ramené les horreurs de la guerre dans les contrées qu'il venait de traiter avec tant de cruauté, si la mort n'eût arrêté ses projets. Il la trouva au milieu des fêtes qu'on célébrait en l'honneur de son mariage avec la princesse Ildico, fille du roi des Bactriens. La plupart des historiens prétendent que s'étant livré, dans cette circonstance, avec trop d'ardeur aux plaisirs de la table et de l'amour, une hémorrhagie l'étouffa, la nuit même de ses noces, en l'an 454.

Ainsi se termina la carrière de ce conquérant, dont il suffit de lire la vie pour apprécier le caractère. On voit en lui l'assemblage du courage et de la prudence, de la grandeur d'ame et de la férocité. Grand guerrier, adroit politique, il eut des qualités brillantes ; mais il posséda peu de ces vertus qui font les bons souverains. Ses sujets cependant trouvaient en lui un juge équitable ; et ceux de ses ennemis qui flattaient sa vanité en se soumettant sans combattre, rencontraient un vainqueur généreux. La magnificence de sa cour n'approchait point de celle de sa personne. Une cabane était son palais, mais des rois vaincus étaient ses esclaves : c'était le seul genre de luxe que semblait ambitionner son orgueil. (*Galerie des hommes célèbres*, tom. I.)

Quant à la conformation physique d'Attila, Jornandès nous a laissé de ce roi barbare le portrait suivant : il avait une grosse tête, un nez aplati, de larges épaules, une taille courte et carrée; sa démarche était fière, sa voix forte et sonore; il roulait sans cesse des yeux féroces, et les chefs de nations qui fréquentaient sa cour disaient qu'ils ne pouvaient supporter la majesté de ses regards. (*Bibl. univ.*, tom. 2, p. 633.)

Il se faisait nommer le Fléau de Dieu, à la différence de Domitien qui avait la folie de se dire le Dieu très bon ; et il parvint à 124 ans, selon Bonfinius, dans son *Histoire de Hongrie*, Décade première, livre 7, pag. 105.

Voici, pour les incrédules et les curieux, le texte de Bonfinius, relatif à la mort et à l'âge d'Attila.

« ..... Ildico puella ei fuit præ cæteris gratis-
« sima, Bactrianorum regis filia, mira pulchritu-
« dine, et incomparabili venustate, cujus amore
« succensus, eam primariæ uxoris habere consti-
« tuit. Comparatis pro regis dignitate nuptiis, per
« omnem intemperantiæ licentiam , in conjugali
« convivio sibi indulsit, Baccho ac Venere corpus
« ita ea nocte confecit, ut interdormiendum supino
« corpore, profluvio sanguinis e naribus continuo
« suffocatus interierit. Experrecta mulier, virum am-
« plexu repetens, extinctum algentemque invenit.
« Conventis mox cubiculariis elato luctu, fatum
« regis inopinatum promulgatur : fatum (inquam)
« viro non indignum. Nam qui alienum sanguinem
« tantopere anhelavit, proprio hunc expleri et in-

« terire decuit. Martianus ea nocte, qua hostis in-
« teriit, arcum Attilæ in somnis fractum vidisse, et
« hinc ejus interitum prædixisse. At ubi mors ejus
« vulgo diffusa est, omnes Scytharum animi extem-
« plo consternantur. Conspicantur enim tale ac
« tantum imperium e diversis gentibus, eisdemque
« inter se dissentibus et infestis, quando Gepidæ
« et Ostrogothæ, veluti servi, præ timore cum Attila
« commilitarunt, nunquam conservari, neque tot
« nationes in obsequio retineri posse, omnes haud
« abs re continuo defecturas arbitrantur. Exsequias
« tandem Chaba et Aladarius, vel (ut alii dicunt)
« Hernachus et Durichus, ejus filii cum cæteris
« principibus, faciendas curant. Funus pro viri di-
« gnitate, cum maxima pompa, populorumque
« frequentia celebratum : corpus in sacellum, ac
« majorum monumentum relatum, de quibus supra
« diximus. Nam in celebri via, ubi columnam Hunni
« erexerant, Bela, cæterique Scytharum duces se-
« pulti fuerant. Hunc Ungari centum et viginti qua-
« tuor annos vixisse, præterea quatuor et quadra-
« ginta regnasse, post ingressum in Pannonias anno
« septuagesimo secundo, a salute vero Dominica
« quadragintesimo quinto, vita excessisse ferunt. »
    « Antonii Bonfinii rerum Ungaricarum Decades
« quatuor cum dimidiâ his accessere, etc.
    « Hanoviæ. Typis Wechelianis apud Claudium
« Marnium. in-f° Decadis 1, lib. 7, p. 105. »
    Joannes (Philippe), père du beau-frère de Guil-
laume Lerouille, avait 124 ans lorsque celui-ci écri-

vait son recueil de l'*Antique préexcellence de Gaule et des Gaulois*. Il mourut en 1546. (Lottin, *Alm. des cent.*, 1760.)

Schmidt (André), cultivateur, meurt en octobre 1753, à l'âge de 124 ans, à Teschen, dans la Haute-Silésie. Il s'était marié plusieurs fois et avait eu quatre enfans de son dernier mariage. (E. M. 1754.)

Gaignard (Denis), paysan de la paroisse de Luché, dans le Bas-Maine, situé sur le Loir, entre Laflèche et Le Lude, y meurt le 22 mars 1760, dans sa 124e année (123 ans 10 mois); il jouissait de la meilleure santé. En 1755, étant âgé de 118 ans, il scia, par curiosité, et pour éprouver ses forces, la paille provenant du produit de deux boisseaux de blé. Il avait l'ouïe un peu dure, et ses cheveux, après avoir été très blancs, commençaient à jaunir. En 1757, il habitait une espèce de caverne creusée dans le tuf et à l'abri du nord. Il n'avait qu'un fils, qui paraissait plus cassé que lui, quoiqu'à peine âgé de 64 ans. Madame la duchesse de Brancas voulut le tirer de sa caverne et lui donner un logement dans son château de Gallerande; mais il répondit que ce serait lui ôter la vie que de le tirer de l'antre où il était né. Cette dame lui faisait donner tous les jours une livre de pain et une bouteille de vin. Outre cette pension alimentaire, elle pourvoyait encore à son entretien. Ce patriarche manceau recevait tous les jours nombre de visites de personnes que la curiosité amenait de fort loin pour le voir.

Voici son extrait baptistaire : « Le 24 mai 1636 a été baptisé par moi, prêtre soussigné, Denis Gaignard, fils de Pierre Gaignard et de Marie Rambault, tenu et nommé par Denis Sielle et Marie Convert, en la paroisse de Luché. Signé P. ESCLAUF, prêtre. (A. D. P., 1757, pag. 401.)

En 1762, Brehner (Catherine), de la paroisse de Carnie, au comté d'Aberdeen, en Ecosse, meurt âgée de 124 ans. Elle avait conservé son corps droit et son jugement sain jusqu'au jour où elle fut attaquée de sa dernière maladie. (*Gazette de France*, pag. 93, 1762.)

En 1770, Preston (Marthe) décède à Barnsley, dans le comté d'York, à l'âge de 124 ans. Elle avait eu 27 enfans de 5 maris : 10 du premier, 4 du second, 6 du troisième, et 7 du quatrième, sans comprendre quelques fausses couches. (*Le Postillon de la paix et de la guerre*, 1771.)

En 1828 existait encore, dans le Yorkshire, un individu nommé Rhodes, âgé de 124 ans, droit comme un jeune homme et d'une bonne santé. (*Glasgow chronicle.*)

Closter (Henri), soldat originaire du comté de Lingen, en Angleterre, meurt en juin 1719, à l'âge de 125 ans, après 75 années de services sans blessures ni maladies. (*Voyez* pag. 226.)

Nausenne (Marie), fille, meurt le 12 mars 1756, âgée de 125 ans, à l'hôpital de Dinan (Côtes-du-Nord). Comme on lui demandait ce qu'elle avait fait pour pousser si loin sa carrière : « Beaucoup de sobriété, dit-elle, nulle inquiétude, les sens et l'esprit également calmes ; voilà ma recette. (*Voyez* page 233.)

En juin 1762, la veuve de Jacques Corriger existait dans le Gévaudan, au village de Marvelhac, paroisse de Saint-Privat-de-Vallongues, diocèse de Mende (Lozère), âgée de 125 ans. Son fils, Jacques Corriger, était âgé de 102 ans. Elle se maria le 7 mai 1655, et M. Bauzon, notaire, dressa son contrat de mariage. Jean Corriger, son petit-fils, était âgé de 81 ans. On lui comptait dans le pays plus de 600 collatéraux, non compris des enfans et petits enfans sortis de France lors de la révocation de l'édit de Nantes. Cette femme était alors privée de la vue, mais elle marchait encore et jouissait de tout son bon sens. (*Gazette de médecine*, 1762, pag. 24.)

En juillet 1764, Kirton (Georges) meurt à Oxnophall, près Réeth, comté d'York, en Angleterre, dans la 125ᵉ année de son âge. Il est d'autant plus surprenant que Kirton soit parvenu à ce grand âge qu'à l'exception des dix dernières années de sa vie, il n'avait jamais été un exemple à citer en fait de tempérance sur la boisson. Il semble, néanmoins, que ce qui a contribué à l'entretien d'une vie si longue et si robuste a été son exercice continuel de la chasse et le manque de soucis ou d'affaires. La chasse au renard était sa passion favorite : il la fit à cheval jusqu'à l'âge de 80 ans, et jusqu'à 100 ans dans une voiture attelée d'un seul cheval. (*Gazette de Londres*, 3 août 1764.)

En 1765, Vence (Thomas) existait à Pétersboroug, dans le comté de Chesterfield, en Virginie, âgé de 125 ans. Il n'éprouvait d'autre infirmité que la privation de la vue. (*Gazette de France*, 1765, pag. 240.)

Voici un ancien patriarche qui fit, pendant plusieurs années, l'admiration de la ville de Siara, capitale de la province du même nom, au Brésil.

Il se nommait André Visal de Négreiros, et mourut en 1773, à l'âge de 125 ans. Il avait toujours joui d'une excellente mémoire et de l'exercice de tous ses sens ; car, peu de temps avant son décès, il remplissait encore les fonctions de capitaine-général et de juge. Il était père de 30 fils et de 5 filles, qui avaient eu 33 enfans, 52 petits-fils, 42 enfans des petits-enfans, et 26 descendans de ces derniers, ce qui faisait une postérité de 188 personnes, n'occupant qu'une seule et même maison avec leur vénérable aïeul. (Sigaud de Lafont., tom. 2.)

Séance de l'Assemblée nationale du 23 octobre
1789.

.... « Un vieillard, habitant du Mont-Jura, âgé de 120 ans, a été introduit dans l'Assemblée, pour la remercier, de la part des serfs, ses compatriotes, de leur avoir rendu la liberté. Un membre de l'Assemblée a proposé que, par respect pour la vieillesse, l'Assemblée se levât lorsque le vieillard se présenterait. Ce sentiment ayant été unanimement approuvé, chaque membre s'est tenu debout quand le vieillard est entré ; honneur que l'Assemblée n'avait encore accordé à aucune députation. Il a éprouvé la bienfaisance des membres de l'Assemblée.» (Prudhomme, tom. 2, n° 17, pag. 40.)

Il s'agit ici du patriarche Juratien (Charles-Jacques, dit Jacob, né le 10 octobre 1669, à Saint-Sorbin.) (*Voir* l'introduction.)

Des renseignemens donnés par M. Amy, ancien receveur des finances dans le Jura, ont fait connaître que, retourné dans ses montagnes, le patriarche Jacob vécut encore jusqu'en 1794, et mourut âgé de 125 ans, à Saint-Julien, arrondissement de Lons-le-Saulnier, département du Jura.

Le 17 avril 1841, est décédé à la Havane, ville de l'île de Cuba, en Amérique, une négresse libre, nommée Marie-Dolorès Villanueva, âgée de 125 ans. Cette femme, née de la race Mandingue, avait été esclave du prêtre Don Francisco Fernandez de Villanueva ; elle s'était mariée et avait eu 6 fils, dont un seul, âgé de 59 ans, vit encore.

Elle a nourri de son lait 14 enfans de Don Manuel Facunda de Aguerro qui, en récompense, la racheta de l'esclavage. Elle avait conservé toutes ses facultés et allait à cheval à de grandes distances. Cette femme présentait un phénomène extraordinaire : elle avait conservé du lait jusqu'à l'âge de 124 ans. (*Correo. Nacional.*)

Montgomery (Robert), né en Ecosse, habitant

de Skipton, en Angleterre, vivait en 1688, âgé de 126 ans.

A cet âge, il ne laissait pas que d'aller sur les chemins demander l'aumône pour subsister. (*Transactions philosophiques.*)

Grandez, compagnon orfévre, né en 1628, meurt en 1754, à Pradez d'Aubiac, en Languedoc, à l'âge de 126 ans. Il travaillait encore de son état peu de jours avant son décès. Il n'avait jamais bu de vin ni fait de maladie. C'est le seul macrobite que l'on puisse citer parmi les individus adonnés toute leur vie à l'art de la métallurgie. (*Mémoires bibliographiques.*)

Pauvels (Richard), âgé de 127 ans, assiste à l'entrée du cardinal Campeïus, légat du Saint-Siége, à Londres, et lui est présenté à son passage dans la rue Cheapside. (*Hist. d'Anglet.*, 5e édit., Etienne Palmer, 1508.)

En 1760, Bartholin, dans ses *Acta medica*, Haffn., vol 3, pag. 4, parle d'un homme mort à 127 ans qui, à l'âge de 100 ans, tint sur les fonts de baptême une fille qu'il épousa ensuite et dont il eut 3 enfans. (Fischer, *De senio*, p. 103.)

Le fils de Thomas Parr vécut 127 ans et mourut vers la fin du mois d'août 1761, à Michaelstown, comté de Corke, ayant conservé toute sa tête jusqu'à son dernier moment. (Sigaud de Lafont, tom. 2, pag. 464.)

Carollan (Owen), cultivateur, né en 1637, décédé en 1764 à Meath, en Irlande, à l'âge de 127 ans, sans avoir jamais été malade. Par une conformation singulière, il avait six doigts à chaque main et autant à chaque pied. (Delandine, *Mémoires bibliographiques.*)

En mars 1767, Wilson (Marie) existait à Maidfort, village près Towcester, dans le comté de Northampton, âgée de 127 ans. Quoique parvenue à cet âge, elle jouissait encore de l'usage de ses sens et marchait bien. Elle gagnait sa vie à aller vendre dans le pays des boucles, des peignes, etc. (*Courrier d'Avignon* du 31 mars 1767.)

Le 28 janvier 540, Saint-Jean de Réomé, premier abbé de Moustier-Saint-Jean, meurt âgé de 128 ans. Il fut le fondateur de la célèbre abbaye de Bourgogne qui prit son nom. Il était né au territoire de Langres, du sénateur Hilaire. Il quitta sa famille dès l'âge de 20 ans, et s'établit près de Tonnerre où il fonda un monastère qu'il abandonna pour celui de Lérins, mais où il fut rappelé et dans lequel il mourut. (Fleury, *Histoire ecclésiastique*, tom. 7, pag. 331.)

Serimphau (Jeanne), Anglaise, de la paroisse de Bow, née le 3 avril 1584, épousa en 1711, à l'âge de 127 ans, Edouard Kokains. Elle espérait apparemment vivre encore assez longtemps pour montrer avec quelle prudente attention elle s'acquittait de ses devoirs dans son ménage; mais elle survécut peu à cette dernière union, et l'année d'après elle s'éteignit à 128 ans, comme une lampe par défaut d'huile. (Lottin, *Alm. de la vieillesse*).

Le 9 février 1738, Durand Estival, travailleur de terres, du village de Carbonnières, paroisse de Saint-Méat, en Quercy, diocèse de Cahors (Lot), meurt dans la 128ᵉ année de son âge (127 ans 1 mois 4 jours.)

Il fut ouï, en qualité de témoin, dans une enquête faite, le 11 octobre 1730, devant le sieur Mage, juge de Leyme, sénéchaussée de Lauzerte. Il était alors âgé de 119 ans, et déposa sur un fait qui était à sa connaissance depuis 92 ans.

Il n'avait jamais fait d'autre remède que de se purger avec de la poudre à canon. (*Mercure de France*, septembre 1734, pag. 2086.)

Le 12 mars 1765, Edglebert Hoff, natif de Norwége, meurt à Fishkins dans le Dutchess-County, en Virginie, à l'âge de 128 ans, des suites d'une chute. Il s'était marié, en Amérique, à 70 ans, et avait eu 12 enfans depuis cette époque. (*Affiches de Paris*, 1765, pag. 760.)

Elisabeth Durieux, âgée de 114 ans, née à Villeraud (Savoie), passa à Lyon le 20 juin 1827, ainsi que le témoigne son portrait lithographié à cette époque.

Elle venait de Lauzanne en Suisse, lieu de son domicile, et se rendait à Paris pour voir la cour.

Elle avait été mariée deux fois, et avait passé une partie de sa vie sous les habits d'homme. Pendant sept ans elle servit un prince milanais en qualité de courrier. Elle ne paraissait pas avoir plus de 70 ans, et les médecins de la famille royale lui

prédisaient encore 3o ans d'existence. Sa princi-
pale nourriture était du café, dont elle prenait jusqu'à quarante petites tasses par jour.

Les détails suivans sont dus à M. Magol, aujour-
d'hui directeur du télégraphe à Marseille, et qui a
connu cette femme extraordinaire.

« En 1804, je dirigeais, en qualité de conducteur
des ponts et chaussées, les travaux de la route du
Mont-Cenis, et je logeais chez Mme Durieux, alors
aubergiste à Lanslebourg, village situé au pied de
cette montagne. Elle m'a raconté plusieurs fois diverses particularités de sa vie, entre autres celles
relatives à ses pérégrinations masculines et à ses
aventures comme courrier d'un prince milanais.
Elle était d'un caractère jovial, tenait fort bien sa
place à table, faisait journellement usage du café
noir, et en si grande quantité, que l'Arabe le plus
intrépide se fût avoué vaincu. Toujours la cafetière
était sur le feu, comme la théière chez les Anglais.
Du reste, lorsque je quittai la Savoie, Toinon (sobriquet de Mme Durieux) était déjà plus qu'octo-
génaire.

« En 1827, étant directeur à Semur (Côte-d'Or),
on vint un jour me prévenir qu'une femme centenaire, native de la Savoie, désirait me voir. 25
ans s'étaient écoulés, je n'avais plus entendu parler de Toinon et ne savais qui ce pouvait être. Toutefois, je me rendis à l'auberge où elle était des-
cendue et où se trouvaient déjà réunies plusieurs
personnes attirées par la curiosité. En l'aperce-

vant, mon premier mouvement fut de me jeter dans ses bras et de m'écrier : « Quoi ! c'est toi, ma pauvre Toinon ? — Eh oui ! M. Charles, etc. » Après mainte embrassade et force questions, nous prîmes tous part à un dîner dans lequel Toinon prouva qu'elle n'avait rien perdu de ses facultés digestives et où, en nous portant rasade, elle but à sa 114e année. Enfin, au dessert, sa gaîté ayant été excitée par le vin de Beaune, elle me dit : « Tenez, M. Charles, telle j'étais il y a 25 ans, telle je suis encore aujourd'hui ; « puis, écartant brusquement son fichu, elle nous laissa entrevoir deux demi-globes qui auraient pu faire honte à une nourrice normande. »

Peut-être Elisabeth Durieux existe-t-elle encore aujourd'hui, et, dans ce cas, elle compterait 128 ans. Son portrait, joint aux détails donnés par M. Magol, est à la tête de cet ouvrage.

Roger (Jean), cultivateur, de la paroisse de Bize, diocèse de Comminges, meurt le 10 janvier 1740, à l'âge de 129 ans. (Lottin.)

Le voyageur Tavernier rapporte qu'en 1650 il vit à Chaouquai, village sur la route de Constantinople à Ispahan, à quelques journées de la ville de Tocat, un vieillard âgé de 130 ans, qui, lorsque le sultan Amurat vint assiéger Bagdad, donna l'avoine nécessaire à la subsistance, pendant 24 heures, de la cavalerie du Grand-Seigneur. Sa Hautesse, pour le récompenser, l'exempta, lui et ses enfans, de tout impôt leur vie durant. (*Voyages de Taver-*

nier, édition de Hall., 3 tom. en un vol., tom. 1, pag. 17 et 18.)

Bayles (Jean), marchand de moutons, né en 1576, mort le 4 avril 1706 à Northampton, en Angleterre, à l'âge de 130 ans. Pendant les dix dernières années de sa vie il conduisait encore lui-même des troupeaux sur les marchés du voisinage.

Ce vieillard était fort maigre et avait la chair très dure. La forme de ses muscles se dessinait sous l'épiderme. (*Mémoires de Delandine.*)

Samuel Lilley, doyen de l'église protestante du comté de Worcester (Angleterre), meurt en 1753, à l'âge de 130 ans, laissant 133 fils, petits-fils ou arrière-petits-fils. (*Voy.* pag. 393, *Etr. mig.,* 1754.)

Cette postérité, si nombreuse qu'elle soit, vaut à peine l'honneur d'être citée, eu égard à celle de Futtée Allée, dernier roi de Perse, mort en 1838 : il comptait de 700 à 800 femmes dans son harem. Cette riche collection d'épouses lui avait donné 130 fils et 150 filles. Tous ces enfans avaient eux-mêmes de si nombreuses familles que, réunies ensemble, ces générations quand elles entouraient le trône du schah, s'élevaient à près de 5,000 âmes, chiffre supérieur à celui de Guéret, chef-lieu de la Creuse.

En décembre 1766, Jean de La Somet meurt à Williamsbourg, en Virginie, à l'âge de 130 ans. Il était né en France et n'avait quitté sa patrie, en 1684, qu'à raison des persécutions éprouvées par les protestans.

Il jouissait de tous ses sens, à l'exception de la vue, dont il était privé depuis neuf ans.

Il avait vu ses descendans jusqu'à la quatrième génération. (*Gazette de Hambourg*, 1767, n° 4. Article de Londres du 23 décembre 1766.)

Jean King, mort à la même époque, à Noke, dans le comté d'Oxford en Angleterre, à l'âge de 130 ans.

Il était d'une stature déliée, se courbait un peu et marchait à l'aide de deux bâtons, attendu que, par une coquetterie de vieillard, il ne voulut jamais faire usage de béquilles. Il conserva, d'ailleurs, jusqu'à sa mort, l'usage de la vue, organe qui fait défaut à beaucoup de centenaires. (*Courrier d'Avignon* du 20 mars 1767.)

Domberger (Georges), mort en juillet 1838, à l'âge de 130 ans.

Domberger était né en 1708 à Ziéritz, en Moravie. Il servit du temps de l'empereur Charles VI, sous le prince Eugène de Savoie, comme simple soldat, dans le régiment d'infanterie de Klevenhul ler; et plus tard il fut palefrenier dans la seigneurie d'Ernstbrunn (Basse-Autriche) où il mourut. Pendant sa longue carrière, il a joui d'une santé parfaite; et, depuis l'âge de 65 ans, son extérieur n'avait subi aucune altération sensible. Il ne se maria qu'à sa centième année.

Le gouvernement autrichien lui accorda, en 1829, une pension qui lui permit de passer le reste de ses jours sans rien faire. Ainsi, Domberger avait travaillé jusqu'à l'âge de 121 ans. (*Gazette de médecine et de chirurgie d'Inspruck*, capitale du Tyrol, numéro du 1ᵉʳ août 1839.)

En octobre 1764, Somlaydi (Georges) meurt à Wike en Hongrie, à l'âge de 131 ans. Il avait exercé pendant longtemps la charge de juge des nobles, dans le district de Bodrokkos. (*Gazette de France*, pag. 352, 1764.)

Mac-Culloch (Alexandre) meurt en 1757 à l'âge de 132 ans, à Aberdeen, en Ecosse. Il avait servi comme simple soldat, du temps de Cromwell, sous le général Monck. Retiré du service, il se livra à l'agriculture et conserva, jusqu'à la fin de sa vie, la meilleure santé et le jugement le plus sain. (A. D. P., pag. 698.)

On lit dans l'*Art d'exploiter le charbon de terre*, publié par l'Académie des sciences, page 39 :

« Il existe en ce moment (1768) en Ecosse un « houilleur âgé de 133 ans qui, depuis 80 ans, fouille « les mines de charbon de terre de Darkeith, près « d'Edimbourg. Ce n'est pas le seul que l'on trouve « parmi les ouvriers de ce métier, qui poussent « leur carrière aussi loin que dans d'autres pro- « fessions.»

Cependant je ferai remarquer que cet exemple est unique dans l'espèce. Les mines de Cornouailles, en Angleterre, qui occupent cent mille individus, ne comptent pas de centenaires, du moins que je sache. Et M. le docteur Huferand, dans un article fort remarquable sur la durée de la vie humaine, dit que : « Parmi les hommes qui vivent peu, on distingue surtout les mineurs qui, ensevelis dans les entrailles de la terre, respirent sans cesse des exhalaisons empestées. » (*Journ. de la société de statist.*, décembre 1841.)

En 1820, vivait encore dans les Etats-Unis, à deux milles de White-Hall, un vieillard nommé Henri Francesco, et qui, à cette époque, était âgé de 134 ans. Il s'était marié deux fois, et avait eu 22 enfans, dont le plus jeune était alors âgé de 52 ans.

Francesco, malgré son grand âge, ne menait pas une vie oisive; il passait ses jours à éplucher et préparer la laine que filait sa femme âgée de 90 ans, et c'était ce travail qui donnait à ce couple respectable les moyens de pourvoir à sa subsistance.

Les voyageurs qui visitèrent ce vieillard en ont tracé le portait suivant : « Francesco est mince et de moyenne taille; ses traits réguliers et nobles, à peine plus déformés que ceux d'un homme de 40 à 50 ans, sont animés par une aimable expression de bonté et d'intelligence; son teint est celui de la santé; ses yeux sont d'un beau bleu foncé; sa bouche est remarquablement bien conservée, et il a encore les dents de devant à la mâchoire supérieure; sa vue est encore assez bonne pour lui permettre de faire son travail sans lunettes; il peut aussi lire sans lunettes de gros caractères d'imprimerie, comme le titre de la Bible : nous ne pûmes

découvrir en lui aucune apparence de surdité, etc. »
(Rauch., *Annales européennes*, tom. 7, pag. 435.
1825.)

Le 5 janvier 1741, Anne-Oudette Grappin, veuve
Lebrun, meurt à Paris, dans la 135e année de son
âge. On croit que c'était la célèbre courtisane
Marion Delorme; toutefois, il est permis d'en douter. (*Biogr. univ.*, tom. 2, pag. 19.)

En avril 1761, Wunder (Georges) meurt à
Graetz, en Misnie, dans le cercle de Wigtland, à
l'âge de 135 ans, étant né le 21 avril 1626, à Wul-
cherstadt, petite ville de la Carinthie, dépendant de
l'archevêché de Saltzbourg.

Il voyagea en diverses contrées comme marchand d'épingles, et alla ensuite en Hongrie, où il
prit du service. Enfin, à l'âge de 125 ans, jouissant
encore d'une bonne santé, il passa à Graetz avec
sa femme, qui avait plus de 100 ans, et qui mourut
en 1756. Il était alors âgé de 130 ans, et son corps
était courbé. Il passa ses cinq années de veuvage
dans l'hôpital des Orphelins. Il tenait à honneur
d'avoir vécu sous sept empereurs. Il conserva,
d'ailleurs, jusqu'au dernier moment, l'usage de ses
sens et mourut des suites d'un refroidissement.

M. Sturme, conseiller aulique et médecin, fit
l'ouverture de son corps et trouva les entrailles
très saines ; les parties nobles, telles que le cœur,
le cerveau et les poumons, beaucoup plus volumi-
neuses qu'on n'a coutume de les rencontrer chez
les hommes les plus sains et les plus robustes.

Son cœur, vide de sang, pesait une livre un quart ; ses poumons, deux livres six onces ; son foie, deux livres et un quart. Ce qui est d'ailleurs singulier et bien digne de remarque, on ne put découvrir le moindre vestige d'ossification dans les vaisseaux sanguins, circonstance si ordinaire chez les vieillards. (*Gazette de Hambourg,* 1761.)

Jacquier (André), cultivateur, meurt en décembre 1753, à l'âge de 136 ans, au village de Lamagne-Vivante, près Fribourg, en Suisse. (*Journal de Verdun,* 1754, pag. 124.)

Sheile (Jacques), fermier, meurt âgé de 136 ans, au mois de juin 1759, dans le comté de Kilkéany, en Irlande. Il ne se souvenait pas d'avoir donné dans aucun excès. (*Affiches de Paris,* 1760, pag. 343.)

Le 15 décembre 1766, Jean Lafite, dit Liaroux, meurt à l'âge de 136 ans, à Rouillac, près Agen (aujourd'hui département de Lot-et-Garonne).

Il avait porté les armes dans les guerres du siècle précédent, sous le prince de Condé, et il s'était signalé au siége de la ville de Miradoux, en 1661. Il exerça ensuite la profession d'agriculteur. L'année d'avant son décès, il avait encore toutes ses forces et ne ressentait aucune des incommodités de la vieillesse, à l'exception d'un peu de faiblesse dans la vue. Il attribuait l'avantage d'être parvenu à un si grand âge à l'habitude qu'il avait contractée, dès sa jeunesse, de se baigner deux ou trois fois par semaine ; ce qu'il pratiqua jusqu'à la fin de sa vie.

Quelques heures avant de mourir il causait avec sa famille auprès du feu et ne ressentait aucune incommodité. Il se mit au lit et mourut subitement en parlant. (*Courrier d'Avignon* du 3 février 1767.)

Causeur (Jean), cultivateur, né en 1638, meurt, le 10 juillet 1775, à 137 ans, au village de Saint-Mathieu, pres Brest (Finistère).

Sobre et frugal, il n'avait de répugnance pour aucun aliment ni aucune boisson, mais il préférait le laitage.

Dans les dernières années de sa vie, sa barbe avait été remplacée par un léger poil follet. A l'âge de 120 ans, Causeur se rasait encore lui-même et entendait la messe à genoux. (*Mém. bibliogr.* de Delandine, tom. 2, art. Macrobie.)

En janvier 1768, Forester (Jeanne), demeurant à Abbey Landecost, dans le comté de Cumberland, meurt âgée de 138 ans.

Lorsque le roi Charles Ier eut la tête tranchée, elle était âgée de 18 ans, et sa mémoire lui rappelait que, pendant le siége de Carlisle par Cromwell, en 1646, une tête de cheval coûtait deux schillings (48 sous). Quelque temps avant son décès, elle déposa sous serment, dans un procès par-devant les commissaires, que les ancêtres du possesseur d'une terre, dont le droit était en contestation, l'avaient possédée depuis 102 ans. A l'époque de sa mort, sa fille unique était âgée de 103 ans. (Lottin, 1770.)

Mme là comtesse Desmond, née en 1612, décédée à Londres en 1752, à l'âge de 140 ans. Cette dame est la seule personne titrée qui ait atteint un âge aussi avancé. (Delandine.)

Sands (Jacques), cultivateur, né en 1630, mort en 1770, à l'âge de 140 ans, à Horbonne, comté de Stafford, en Angleterre.

Sa femme mourut à 120 ans. Ces deux époux avaient vu cinq baux, de 21 ans de durée, se renouveler dans la même ferme. (*Id.*)

Politiman, chirurgien, né en 1685, mort à Vaudemont, en Lorraine, au mois d'octobre 1825, à l'âge de 140 ans.

Il n'était jamais sorti de son lieu natal, n'avait jamais été ni saigné, ni médicamenté ; à moins qu'on ne considère comme une médecine quotidienne l'habitude qu'il avait contractée, dès l'âge de 25 ans, de s'enivrer chaque soir, après avoir vaqué dans la journée aux opérations de son art.

La veille de son décès, Politiman avait pratiqué l'opération du cancer, avec beaucoup de dextérité, sur une femme âgée. (*Id.*)

A l'âge près, voici le Sosie de Politiman : on a vu à La Barthe de Rivière, village situé près Comminges, sur la Garonne, le nommé Espagno, maître en chirurgie, pousser sa carrière jusqu'à 112 ans.

Il n'avait jamais été malade, ni saigné, ni purgé. Il mourut en 1758. Il exerça sa profession jusqu'au dernier moment, et il avait pour habitude de s'enivrer tous les jours. Il s'était marié en pre- mières noces à 20 ans, et se remaria à 90. De cette dernière union, il laissa une fille qui avait 20 ans lorsqu'il mourut. (Sigaud de Lafont, tom. 2, pag. 463.)

Sury (Rébecca), négresse, morte le 7 avril 1827, âgée de 141 ans, à Falmouth, île de la Jamaïque.

L'âge de cette esclave, qui conserva sa raison jusqu'à ses derniers momens, fut vérifié avec soin sur les contrats d'acquisition des propriétaires auxquels elle avait successivement appartenu. (*Morning Chronicle.*)

Le doyen de l'Allemagne est, probablement, Hans Hertz, actuellement vivant à Hildgausen, en Silésie; il compte 142 ans. Il y a 27 ans qu'il ne sort plus, mais il fait encore journellement deux ou trois tours dans sa chambre. Quand le temps est beau, il fume ses trois pipes de tabac devant sa fenêtre ouverte. Il ne parle plus depuis 6 ans, et fait seulement entendre quelques sons que comprennent les personnes qui habitent avec lui.

Depuis longtemps ses fils sont morts, mais ses petits-enfans lui prodiguent les soins les plus touchans.

Hertz est né en 1697; il a, par conséquent, vécu dans trois siècles différens. (*Observateur de Trieste,* décembre 1839.)

Pari (Hilario), cultivateur, a été vu, à l'âge de 143 ans, par le voyageur Alexandre de Humboldt, dans le village de Chignata, à 4 lieues de la ville d'Aréquipa.

La femme de ce vieillard avait vécu 117 ans. Jusqu'à l'âge de 130 ans, Pari faisait encore chaque jour plusieurs lieues à pied, et portait des denrées à la ville voisine. (*Annales européennes.*)

Effingham (John), artisan, meurt, dans le comté de Cornouailles, en Angleterre, à l'âge de 144 ans, étant né en 1613, de parens pauvres, sous le règne de Jacques Ier.

Jusqu'à l'âge de 20 ans ; il aida les auteurs de ses jours par le travail de ses mains. Ensuite, entrant au service sous Jacques II, et, après la fuite de ce roi, sous Guillaume, il se trouva capitaine sous le commandement du duc de Marlboroug, et combattit à la bataille de Blandheim, où il perdit un œil et plusieurs dents ; il servit encore sous Georges Ier. Enfin, son âge avancé le faisant juger impropre au service, il fut licencié. Revenu à Cornouailles, il recommença le métier d'ouvrier ou d'artisan.

C'était un modèle de tempérance : même dans sa jeunesse, il n'avait jamais bu de boissons fermentées. Dans sa vieillesse, il se levait tous les jours, hiver comme été, avant six heures du matin. Lorsque le temps le permettait, il faisait un tour dans les champs, afin d'y respirer un air pur et libre, et il revenait ensuite travailler, ne restant jamais oisif.

Il mangeait rarement de la viande, et vivait presque uniquement de légumes ; ce régime l'exempta de toute incommodité ou maladie. Pendant les 30 dernières années de sa vie, il fut nourri par les personnes opulentes près de qui il habitait et qui se disputaient l'honneur de pourvoir à ses besoins. (*Gazette de Hambourg*, 1757.)

En 1705, meurt, à une lieue de la ville de Saint-Claude, point culminant des montagnes du Jura, en Franche-Comté, un ermite âgé de 145 ans. Il avait conservé la santé au moyen d'un simple dont il ignorait le nom, car il avait oublié jusqu'au sien. L'abbé de Chamilly alla le voir et le conduisit au Mont-d'Or, où croissait ce simple. (*Verdun*, pag. 237.)

Le 15 août 1766, Thomas Winsloë, ou Winslon, colonel, meurt dans sa terre, au comté de Trapperari, en Angleterre, à l'âge de 146 ans, étant né en 1620.

Il était capitaine sous le règne de Charles Ier, et il servit sous Cromwell, en Irlande, comme lieutenant-colonel. (*Gazette de France*, 1er septembre 1766; *Courrier d'Avignon*, 1766, n° 90.)

Drahakemberg (Christian-Jacques), connu sous le nom de Vieux Homme du Nord, naquit, en 1624, à Aarhuns, en Jutland, province de Danemarck, et y mourut en 1770, à l'âge de 146 ans.

Dans sa jeunesse, il avait été pris par des corsaires barbaresques, et il supporta, durant quinze années, toutes les souffrances de la plus dure captivité.

Ensuite, il fut employé pendant 91 ans comme matelot. Célibataire jusqu'à l'âge de 113 ans, il épousa alors une femme âgée de 60 ans. (*Mémoires bibliographiques.*)

Il n'est pas de centenaire dont l'existence ait été, de son vivant, suivie avec autant d'intérêt par les journaux de l'époque que celle de Drackemberg; on en jugera par les détails suivans :

Le 18 décembre 1763, Christian-Jacobsen Drackemberg, surnommé le Vieux Normand, entre dans la 139e année de son âge. Il est né à Staranger, en Norwège, et demeure actuellement dans le Jutland, où il continue à jouir d'une bonne santé. (*Gazette de France*, 1764, pag. 17.)

Chrétien Drackemberg, né en Norwège en 1626, vit actuellement à Helbredt, en Jutland, province de Norwège, âgé de 141 ans. Il se promène journellement dans les rues, mais à l'aide d'un conducteur, parce que sa vue s'affaiblit. (*Gazette d'Utrecht*, 28 août 1767.)

Le 6 novembre 1767, Christophe Drackemberg, d'Aarhuns, en Jutland, connu sous le nom de Vieux Homme du Nord, célèbre l'anniversaire de sa 142e année. Il se rend, ce jour-là, au château de Rosenholm, sans se trouver fatigué, quoiqu'il y ait quatre lieues de distance. Il jouit d'une santé parfaite et de l'usage de tous ses sens, à la vue près, qui est un peu affaiblie; encore peut-on attribuer cet affaiblissement à la longueur de ses sourcils, qui lui tombent sur les yeux, lesquels sont très petits. Il n'y a guère qu'un an qu'il se couvre la tête d'un chapeau; avant ce temps il se servait d'une cálotte,

7

laquelle se faisait remarquer par sa forme coquette et ses ornemens. (*Gazette de Presbourg*, en Hongrie, 1767.)

Le 2 juillet 1770, meurt enfin Jacob Drackemberg , dans la 146ᵉ année de son âge, étant né à Staranger, en Norwège, en l'année 1624. Il avait vécu dans le célibat jusqu'en 1737, et, pendant les dernières années de sa vie, il a souvent reçu la visite des personnes du plus haut rang. On trouve son portrait à Londres. (Lottin, 1771.)

On aura remarqué quelques légères différences dans le prénom, le lieu de naissance ou l'âge ; mais c'est toujours le même Drackemberg ou Drahakemberg.

D'Outrégo (Jean), pauvre laboureur de Fésignane en Galice, meurt, en 1726, à l'âge de 147 ans. Sa nourriture ordinaire était du pain de blé de Turquie, des choux cuits, et quelquefois une bouillie composée de lait et de blé de Turquie (ce qu'on nomme *gaudes* dans plusieurs provinces en France, et *polenta* en Italie).

Jusqu'à la fin de sa vie, il avait conservé un jugement sain et un corps léger et dispos.

Ces faits furent attestés par le curé de sa paroisse et l'évêque de son diocèse. (D. Feïjoo, en son *Théâtre critique*.)

Voici une nouvelle lacune dans le chiffre des âges, non que je manque de centenaires pour la combler, mais de détails sur chacun d'eux. En effet, de Longeville d'Harcourt, dans son livre *De ceux qui ont vécu vieux*, et Wipacher et Lamothe, dans leur *Almanach des centenaires*, se bornent souvent à cette mention : *un tel* meurt à *tel âge*.

Par exemple si Longeville dit : Mead William meurt, en 1752, à l'âge de 148 ans, l'*Almanach des centenaires*, non moins laconique, rapporte que :

Dom Cléramcaut, bénédictin de l'abbaye de Croisand, parvint à 148 ans.

D'autres auteurs encore ne sont guère plus explicites. Or, de semblables citations ne seraient qu'une nomenclature dépourvue d'intérêt. Ainsi, plus j'avancerai dans cette seconde partie et plus l'*interruption numérique* sera fréquente.

En juin 1741, meurt à Londres Switz (Etienne), mendiant de profession, à l'âge de 149 ans, dans la paroisse Saint-Paul, où ce fait fut constaté avec soin par les registres baptistaires de cette paroisse dans laquelle il était né, et d'où il n'était jamais sorti. (*Gazette de France*, 1761, pag. 329.)

Fullonius, citoyen de Bologne, en Italie, et qui vivait encore du temps de l'empereur Claude (dans le 3e siècle), comptait alors 150 ans, et était exempt d'infirmités ; ce qui fut constaté par des témoins oculaires, l'empereur voulant connaître la vérité au sujet de ce vieillard extraordinaire. (Pline, lib. 7, cap. 48.)

Albuna-Marc, premier évêque d'Ethiopie, meurt en 1527, à l'âge de 150 ans, au rapport de François Alvarez, prêtre portugais, chapelain d'Emmanuel et aumônier de l'ambassade que ce roi de Portugal envoya auprès de David , empereur d'E-thiopie. (Hakewill, *De la Providence de Dieu.*)

En 1767, Consit (François), pauvre homme de Burythorpe, près Malton, en Angleterre, y meurt âgé de 150 ans. Depuis 60 ans, il subsistait de charités. (*Gazette de France*, 18 juin 1768.)

En 1772, Cauchie (Anne) existait à Dieppe, âgée de 150 ans, et elle avait encore le jugement sain. Son père avait vécu 124 ans et son oncle 113 ans. (Piganiol de La Force, *Descript. de Paris*, 1754, tom. 9, p. 224.)

De tous les centenaires, voici le plus célèbre et le plus généralement connu; aussi a-t-il exercé la plume de nombre de chroniqueurs, dont le récit de quelques uns diffère, quant à l'âge auquel il se-rait parvenu :

Thomas Parck ou Parr, paysan et laboureur de la paroisse d'Alberbury, dans le comté de Shrop-shire, en Angleterre, d'où Thomas, comte d'Armi-del et de Surrey, l'amena à Londres, meurt en cette ville le 16 décembre 1635, âgé de 152 ans et 9 mois, après avoir vu 10 rois ou reines sur le trône d'Angleterre.

Il avait épousé à 120 ans une veuve, et il ne cessa d'user du mariage qu'à l'âge de 140 ans. Quel-ques années avant sa mort, il jouissait encore de l'ouïe, et son esprit n'était point affaibli , de même que sa force physique; car il fut capable, jusqu'à la 130e année de sa vie, de se livrer à tous les travaux d'un laboureur, même à battre le blé. Il n'avait vécu que de pain, de vieux fromage, de lait, de petit-lait et de bière. Il ne mourut que par suite du changement d'air et de nourriture, en se transplantant dans la ville de Londres et dans une maison opulente. Son corps, ouvert par le célèbre Harvé, fut trouvé sain dans toutes ses parties, à l'exception de la cervelle qui était ferme et résistait au toucher, parce que les canaux qui la traversent s'étaient durcis et desséchés à la longue. Il fut inhumé dans l'abbaye de Westminster. (*Transact. philosop.*, 1668. — *Collect. académ.*, tom. 2, p. 184. — V. 1722, p. 218. — A. d. pr. 1757.—Le président Hénault, *Mém. bibliogr.*)

Selon feu M. Rauch, décédé récemment à Paris, directeur des *Annales européennes*, et que l'auteur a connu particulièrement,

« Th. Parr mourut à Londres âgé de 164 ans, « et, d'après le témoignage du célèbre Harvé, qui « fit l'ouverture de son corps, il ne succomba « qu'aux suites d'une maladie accidentelle. » (*Annales européennes*, tom. 7, p. 437, 1825.)

De Longeville d'Harcourt, auteur contemporain de Th. Parr, le fait mourir à 168 ans. Voici en quels termes il rapporte ce qui a trait à ce macrobe dans son livre intitulé : *Histoire des personnes qui ont vécu plusieurs siècles :*

« Jacques second, roi d'Angleterre (à qui la « France, asile ordinaire des princes, a, de nos « jours, servi de retraite, lors de l'invasion de

« l'Angleterre, en 1688), a eu la bonté de me dire,
« sur la demande et en présence de Monsieur, frère
« de Louis-le-Grand, que le 9 octobre 1635 Tho-
« mas Parke, Anglais, âgé de 152 ans et quelques
« mois, avait été présenté au roi Charles premier,
« père de Jacques second et de feu Charles second,
« son frère aîné.

« Ce vieillard, de la paroisse d'Alberbury, au
« comté de Shropshire, était né l'an 1483; il
« avait vu dix rois ses souverains : Edouard IV,
« Edouard V, Richard III, Henri VII, Henri VIII,
« qui commença le schisme; Edouard VI; Marie,
« qui rétablit la religion orthodoxe; Elisabeth, qui
« la renversa ; Jacques VI, roi d'Ecosse, et premier
« d'Angleterre de la maison des Stuarts, et Char-
« les premier, son fils, à qui on le présentait.

« Parke mourut 16 ans après, à Londres, le 24
« novembre 1651, sans douleur, à 168 ans : l'ou-
« verture de son corps présenta des viscères fort
« sains; seulement les poumons étaient noyés dans
« le sang. Les médecins attribuèrent son décès à
« l'air épais et grossier de Londres. Il eût fallu le
« saigner, disaient-ils, pour prolonger ses jours.

« A 101 ans, on lui imposa une pénitence pu-
« blique à la porte de l'église, pour avoir fait un
« enfant à une fille; marque de son fort tempéra-
« ment dans un âge aussi avancé. » (De Longeville
d'Harcourt, pag. 145.)

Je ne serais pas surpris que Th. Parr eût vécu
168 ans; plusieurs Anglais, et entre autres Edwards

William, mort en 1668, ayant atteint cet âge. D'un autre côté, Longeville, qui écrivait au commencement du 18ᵉ siècle, est assez exact lorsqu'il parle de faits contemporains; et il semble que, si l'on doit ajouter foi à son dire, c'est surtout dans une circonstance où il pouvait être démenti par nombre de témoins oculaires. Ainsi le doute qui subsiste à cet égard ne peut être levé que par la lecture de l'inscription sépulcrale de l'abbaye de Westminster, et il ne m'est pas donné de faire cette vérification. Mais, en admettant qu'il faille se ranger à l'avis de la majorité, toujours est-il constant que Th. Parr mourut dans sa 153ᵉ année.

Obst (Jeanne), villageoise, née en 1670, morte en 1825, à l'âge de 155 ans, à Zwronegoschutz, en Silésie.

La veille de son décès, elle avait travaillé aux champs et pris ses repas comme à l'ordinaire.

Cette femme, dont l'occupation habituelle était de tisser le chanvre, mangeait avec appétit, et buvait ordinairement deux verres d'eau-de-vie de grains dans la journée. (*Mém. bibliographiques* de Delandine.)

En 1782 est mort sur les terres de M. Saluski, staroste de Grojecke, en Pologne, un paysan âgé de 156 ans.

Il s'était marié, pour la première fois, à l'âge de 30 ans. Il avait eu 6 enfans de sa femme, et avait vécu 58 ans avec elle. Il en épousa une seconde dont il eut 7 autres enfans, et il fut 55 ans avec celle-ci ; d'où il suit qu'il passa 113 ans de sa vie dans l'état de mariage.

Quelque froid qu'il fît, il était toujours vêtu légèrement. Il n'avait jamais eu de maladie, et ne cessa de travailler à la terre que 12 ans avant sa mort. Huit jours seulement avant son décès, il avait commencé à ne plus trouver le même goût aux alimens.

Son père avait vécu 150 ans.

(Sigaud de Lafont, *Dict. des merv. de la nat.*, tom. 2, p. 464.)

Epiménide, poète et philosophe, né à Gnosse, en Crète, 591 ans avant J.-C.

On rapporte que, fuyant la chaleur du jour, il entra dans une caverne, et s'y endormit. Ce sommeil fabuleux dura 57 ans ; mais il est plus probable qu'Epiménide voyagea ou fut absent pendant ce laps de temps. Quoi qu'il en soit, ce fut avec la plus grande peine que, retournant à la ville, il put se faire reconnaître par son frère, qu'il avait quitté jeune et qu'il retrouvait vieux, et le bruit de cet événement s'étant répandu dans la Grèce, on regarda Epiménide comme le favori des dieux. Les Athéniens, tourmentés de la peste, invoquèrent son secours ; il vint et les délivra de ce fléau, ou, pour mieux dire, la fin de l'épidémie coïncida avec l'arrivée d'Épiménide dans la contrée.

De retour en Crète, il mourut âgé de 157 ans, selon Théopompe, ou de 154, d'après Pline. Son décès se rapporte, d'ailleurs, à l'année 434 avant

J.-C., au dire de Valère-Maxime, ce qui porterait, en effet, son âge à 157 ans.

Il avait célébré en vers la génération des Curètes et des Corybantes, le voyage des Argonautes et la gloire de Minos et de Rhadamanthe. On cite encore de lui un ouvrage en prose sur la république de Crète et une lettre à Solon, qui n'est pas venue jusqu'à nous. (Valère-Maxime, lib. 8, cap. 13, XI. — De Longeville d'Harcourt. — Bouchitté, *Dictionnaire de la conversation et de la lecture,* tom. 25, pag. 5.)

En ce moment existe à Moscou la veuve d'un marchand peaussier qui a atteint l'âge de 157 ans. Elle s'est mariée, pour la cinquième fois, à 123 ans, et chacun des mariages qu'elle a contractés a été fécond. Elle dit être parvenue à cet âge avancé, grace à un genre de vie très régulier. Elle jouit encore de l'intégrité de ses facultés intellectuelles, et elle a l'espoir d'atteindre sa 200e année. Sa devise est : la nature est le meilleur médecin. Jamais cette femme ne s'est trouvée atteinte d'une maladie dangereuse. (*Gazette des Postes de Francfort.*)

(Article reproduit dans le *Moniteur universel* du 5 septembre 1840.)

Il est décédé en 1838, aux environs de Sainte-Colombe, département de la Haute-Garonne, une fille du nom de Marie Priou, née en 1680, et, par conséquent, âgée de 158 ans.

A la mort de ses parens, elle hérita d'une chaumière et de quelques pièces de terre, qu'elle vendit à fonds perdu, à l'âge de 66 ans. Il y avait donc 92 ans que les acheteurs ou leurs héritiers lui payaient une rente de 162 livres tournois pour cette vente !

Pendant les dix dernières années de sa vie, Marie n'a vécu que de fromage et de lait de chèvre. Du reste, elle a conservé toutes ses facultés jusqu'à son dernier jour.

Tous les journaux de l'époque ont fait mention de cet exemple de longévité extraordinaire ; c'est, en effet, le cas de vieillesse le plus extrême observé en France, depuis les temps les plus reculés jusqu'à ce moment.

Sou-Ouassou-Ac est baptisé au village de Coyeup, dans le Maragnan, province du Brésil, à l'âge de 160 ans, suivant le témoignage de P. Claude d'Abbeville, dans son histoire de la mission des capucins en l'île de Maragnan et terres circonvoisines. (*Mémoires de Fr.*, 1687, novembre, pag. 51.)

L'*Ordinaire de Hollande* du 3 avril 1687 fait mention d'un macrobe du nom de Galdo, passant alors par Venise. Il avait son portrait avec lui. Les maîtres de l'art le reconnaissaient pour être du Titien, qui vivait 130 ans auparavant, et Galdo en avait 30 lorsqu'il fut peint. Ainsi, le tout revenait à 160 ans, sans compter ce que Galdo aura pu vivre depuis 1687.

Surrington (Joseph), cultivateur, né en 1637, meurt en septembre 1797, aux environs de Berghem, en Norwège, à l'âge de 160 ans. Il conserva jusqu'à ses derniers momens sa raison et ses sens. La veille de son décès, ce vieillard extraordinaire partagea lui-même entre ses enfans les biens qu'il leur laissait. L'aîné avait 103 ans, et le plus jeune 9 ans seulement. Ainsi il avait eu ce fils à l'âge de 151 ans! (*Mémoires bibliographiques*, tom. 2, Delandine.)

A Demston, près Chesterfield, en Angleterre, est mort, en août 1837, M. R. Durman, propriétaire, âgé de 160 ans et 8 mois. Il s'était toujours bien porté; seulement, depuis 20 ans, il était atteint de cécité. (*Journal de Vorcester.*)

Sara Dessen, femme de Jean Rowir, avait 164 ans lorsqu'elle mourut. Son mari était âgé de 172 ans; ils étaient dans la 147e année de leur mariage, et près de renouveler, pour la troisième fois, la célébration de la cinquantaine.

Ils avaient quatre enfans, dont l'aîné comptait 115 ans.

Sara Dessen fut peinte, en 1725, par ordre de l'empereur d'Allemagne Charles VI, et elle mourut en 1740. L'abrégé de sa vie fut placé dans la bibliothèque du prince Charles. (V., pag. 299, 1740. —*Mercure*, avril 1756, pag. 157.)

Jenkins (Henri), né à Ellerton, dans le comté d'York, en 1521, y meurt en 1690, à l'âge de 169 ans. L'année de son décès, il se rendit encore à pied, aux assises du comté, distant d'Ellerton de plusieurs lieues.

Il avait vu Henri VIII sur le trône d'Angleterre,

et se souvenait de la bataille de Floweden, qui se donna en 1533, et où il fut envoyé à l'âge de 12 ans, avec un cheval chargé de flèches.

Les registres des chancelleries et des tribunaux ont démontré qu'il avait paru en justice et prêté serment à 140 ans, comme témoignage vivant de faits séculaires ayant eu lieu dans sa province.

Né avant l'établissement des registres de paroisse, aucune ne voulait se charger de le nourrir, et il mendiait pour subsister. Tant qu'il put travailler, la culture de la terre fut sa profession, et la pêche sa dernière occupation.

A l'âge de 100 ans, Jenkins traversait encore à la nage les courans les plus rapides !

Son portrait en pied s'est vu à Bruxelles, et l'abrégé de sa vie fut placé dans la bibliothèque du prince Charles.

En 1743, on érigea à la mémoire de ce merveilleux vieillard un monument dont la dépense eut lieu par voie de souscription. (*Mémoires* de Delandine, tom. 2, art. Macrobie; *Mercure de France*, avril 1756, pag. 157; Sigaud de Lafont., tom. 2, pag. 462.)

En Hongrie, la famille de Jean Rowir a fourni, dans le siècle dernier, des exemples bien extraordinaires de longévité : le père a vécu 172 ans, et Sara Dessen, sa femme, déjà citée, 164 ans. L'aîné de leurs enfans, qui existait encore vers le commencement du siècle, comptait 115 ans. (*Mémoires* de Delandine, tom. 2, art. Macrobie; *Annales européennes*, tom. 7, pag. 437.)

La longévité semble, en effet, héréditaire dans certaines familles, et voici une nouvelle preuve de cette vérité, bien qu'il ne soit pas question, du moins, quant à présent, de centenaires dans le fait suivant :

A Aspelaer, près Alost, existe une famille dont les quatre membres, trois frères et une sœur, comptent ensemble 357 ans.

Pierre Barbier a 93 ans, Constant 90, Jean-Baptiste 86, et Marianne 88.

Jean-Baptiste, facteur de son état, est encore à même de faire cinq à six lieues par jour, ce qu'il fait assez souvent.

Le père de cette race de Mathusalem est mort à 99 ans. (*National* du 2 septembre 1841.)

Abraham, fils de Tharé, né à Ur, en Chaldée, 2000 ans environ avant J.-C., est le plus célèbre patriarche des Hébreux.

Sara, sa femme, ne lui avait point encore donné d'enfans, et avait passé l'époque où elle pouvait espérer d'en avoir ; et comme c'était une espèce d'opprobre de mourir sans postérité, elle engagea Abraham à épouser Agar, qui lui donna Ismaël. Mais ensuite, et quoique âgée de 90 ans, Sara enfanta Isaac. Après la mort de celle-ci, le patriarche épousa Céthura, qui lui donna encore six enfans. Enfin, Abraham mourut lui-même à 175 ans, selon la Bible. (*Genèse*, pag. 21, chap. XXV, versets 7 et 8.)

D'après une lettre écrite le 1er juin 1779, de

l'Amérique méridionale, et dont on donna l'extrait dans le journal de Madrid, le 24 décembre de la même année, on ne peut douter qu'il existait alors, dans cette contrée, une négresse âgée de 174 à 175 ans. (*Dictionnaire des merveilles de la nature*, par Sigaud de Lafont, tom. 2, pag. 462 ; *voir* aussi Lottin.)

Isaac, fils d'Abraham et de Sara, né à Hébron 1900 ans environ avant J.-C. Abraham avait 100 ans et Sara 90 quand ce fils leur fut donné. A l'âge de 40 ans, Isaac épousa Rebecca, dont il eut les célèbres jumeaux Esaü et Jacob.

Isaac mourut, d'après la Bible, à 180 ans : (*Genèse*, chap. XXXV, versets 28 et 29, pag. 33.)

On peut établir, sous le rapport de la longévité, un rapprochement curieux entre la famille d'Abraham et celle de Rowir, qui ont existé à 3,800 ans de distance :

Sara, femme d'Abraham, a vécu............	127 ans.
Abraham...................................	175 —
Et Isaac...................................	180 —
	482 —
Le fils aîné de Jean Rowir..................	115 —
Sara Dessen, femme de Jean Rowir..........	164 —
Et Jean Rowir lui-même....................	172 —
	451 —

Au premier aperçu, la balance est en faveur d'Abraham ; mais on ignore à quel âge est mort le fils de Rowir, qui a été perdu de vue depuis le com-

mencement du siècle actuel, et on peut, à la rigueur,
dire qu'il y a parité entre la famille hongroise et la
famille hébraïque.

Kintigern, autrement S. Mungo, Écossais, disciple
de Palladius, meurt, le 5 janvier de l'an 600, à
l'âge de 185 ans, selon Bollandus, qui en fait mention dans son catalogue. (*Etrennes mignonnes*,
1740; Lott., *Almanach des centenaires.*)

Zortan (Pierre), cultivateur, né, en 1539, meurt
le 5 janvier 1724, dans le Bannat de Temeswar,
en Hongrie, à l'âge de 185 ans, et après avoir vu
ainsi changer trois fois le millésime séculaire.

Le cadet de ses fils avait 97 ans, et l'aîné 155,
lorsque Zortan mourut. Il vivait uniquement de
légumes.

Son portrait en pied s'est vu à Bruxelles, et l'a-
brégé de sa vie fut placé dans la bibliothèque du
prince Charles.

M. Lecat, célèbre chirurgien français, contemporain de Zortan, et qui avait eu occasion de le
voir, croyait que ce vieillard était le doyen des
centenaires de l'époque. (*Mémoires bibliographiques et littéraires* de Delandine, tom. 2, Macrobie;
Verd., 1740, pag. 299; *Mercure de France*, 1756,
pag. 157.)

Cheyne, dans son traité *de Sanitate tuenda*,
pag. 55 et 56, dit que Jean Spodisvode, archevêque, a vécu également 185 ans. (Lottin, *Almanach
des centenaires*, pag. 76, 1768.)

En 1348, Jean de Baldecq, chanoine et doyen

du chapitre de Kilcheberg, canton de Lucerne, en Suisse, meurt à 186 ans.

On voyait, en 1764, son tombeau dans l'abbaye de Saint-Michel, avec cette épitaphe :

De Kilchberg canus
Edentulus decanus
Rursùm nigrescit,
Dentescit,
Hìc requiescit.

Un plaisant de l'époque la traduisit ainsi :

Ici gît qui vécut 186 ans,
La beauté !
De Kilcheberg le doyen regretté,
La rareté !
Qui tout blanc et tout édenté,
Renoircit, repoussa des dents,
La curiosité !

(*Gazette de médecine*, tom. 1ᵉʳ, pag. 14 et 20.)

J'ai recueilli et mis en ordre une grande quantité de notes sur les centenaires; mais qu'on juge de mon chagrin, je n'ai pu retrouver, dans cette myriade de siècles, la biographie d'un berger polonais, mort en 1834, dans la Lithuanie, à l'âge de 188 ans. Je me rappelle seulement une particularité de sa vie qui m'avait frappé : il n'avait jamais bu d'eau-de-vie, circonstance extraordinaire chez les Russes.

Je laisse aux auteurs cités la responsabilité des faits de longévité suivans :

On trouve dans les épigrammes de Martial l'épitaphe d'une femme qui vécut 200 ans; la voici textuellement :

Marmora parva quidem, sed non cessura, viator,
   Mausoli saxis pyramidumque legis.
Bis mea romano spectata est vita Terento,
   Et nihil extremos perdidit ante rogos.
Quinque dedit pueros, totidem mihi Juno puellas :
   Clauserunt omnes lumina nostra manus.
Contigit et thalami mihi gloria rara, fuitque
   Una pudicitiæ mentula nota meæ.

(Martial, Epitaphium nobilis matronæ,
LXIII, lib. X.)

On hasarde la traduction suivante :

« Passant, tu vois un tombeau modeste, mais qui ne doit pas le céder aux marbres de Mausole, ni aux Pyramides. Deux fois, pendant ma vie, j'ai assisté aux jeux séculaires, et jusqu'à mon dernier jour je n'ai rien perdu de mon bonheur. Junon m'a donné cinq fils, autant de filles, et leurs mains réunies m'ont fermé la paupière. J'eus la gloire assez rare de n'être mariée qu'une fois, et ma pudeur n'a jamais connu qu'un seul homme. »

On peut objecter d'abord que si les enfans de cette matrone lui ont fermé les yeux, ce serait une preuve qu'elle n'aurait pas vécu 200 ans, à moins qu'eux-mêmes n'eussent prolongé leur existence bien au delà de 100 ans, ce qui n'est pas probable ; secondement, que les Térentales, fêtes séculaires en principe, se célébrèrent ensuite tous les qua-

8

rante ans, selon Suétone. Mais c'est une querelle à vider entre lui et Martial, qui, contemporain ou témoin oculaire du fait, a pu répéter de bonne foi, au sujet de cette femme, ce qui était de notoriété publique.

L'état présent de l'Angleterre (1755) fait mention d'un certain Gillour-Mac-Crain, Anglais, mort en 1696, à l'âge de 200 ans, mais sur lequel aucun détail n'est donné.

On rapporte qu'un homme vécut 200 ans pour avoir fait souvent usage de racine d'ellébore noir. Voici son épitaphe, écrite dans le style naïf et pittoresque de l'époque :

> Ci gist qui de chenu et très vieux édenté
> Renouvela son poil, ses dents et sa santé ;
> Et puis ayant vécu deux siècles sans souci,
> Rendit son ame à Dieu : son corps repose ici.
>
> (*Traité historique des plantes qui croissent dans la Lorraine et les Trois-Evêchés*, 1764.)

Peut-être ai-je dépassé la limite qu'il ne fallait pas franchir, sous peine de tomber dans le ridicule ou dans l'absurde ; je n'irai donc pas plus loin.

Sans doute la nature accorde aux hommes assez heureux pour se trouver placés hors du cercle de notre manière de vivre, plus riche de chagrins et d'inquiétudes que de bonheur, une carrière plus longue, parce qu'ils sont à l'abri des besoins physiques ou des tortures morales qui abrègent l'existence. Mais il paraît douteux que l'homme, tel qu'il est maintenant constitué, puisse atteindre deux siècles.

Cependant M. le docteur Hufeland émet à ce sujet l'avis suivant :

« ..... Rien ne nous empêche de considérer le terme le plus reculé que nous offrent les exemples connus de longévité, comme formant l'extrême limite de la vie humaine, ou l'idéal de sa perfection, comme un modèle enfin de ce dont la nature de l'homme est capable dans des circonstances favorables. Or, l'expérience atteste qu'on peut encore aujourd'hui vivre jusqu'à 150 et 160 ans. Il y a plus même : l'ouverture du corps de Th. Parr, qui fut faite à l'âge de 152 ans, et qui montra tous les viscères parfaitement sains, prouve que cet homme aurait pu vivre plus long-temps encore, si le nouveau genre de vie au milieu duquel les circonstances le transportèrent ne lui avait causé une pléthore mortelle. Il n'y a donc rien d'invraisemblable à dire que l'organisation et la force vitale de l'homme peuvent, l'une durer, et l'autre agir pendant deux siècles. La faculté de vivre un aussi long espace de temps réside dans la nature humaine, considérée d'une manière absolue. » (*Journal des travaux de la société française de statistique universelle*, vol. 7, 3e série, décembre 1841.)

Après avoir parcouru cette galerie, le lecteur peut asseoir un jugement sur la longévité des anciens et des modernes. Pour la lui faire mieux apprécier encore, je vais citer les dix patriarches (à partir d'Abraham) les plus remarquables par l'âge auquel ils sont parvenus, et je leur opposerai un nombre égal de centenaires des 18e ou 19e siècles, qui offrent à peu près parité d'âge :

PATRIARCHES BIBLIQUES.

Joseph, fils de Jacob, a vécu................. 110 ans.
Moïse, législateur des Hébreux............ 120 —
Aaron, grand-prêtre   Id.............. 123 —
Sara, femme d'Abraham.................... 127 —
Ismaël, fils d'Agar et d'Abraham........... 137 —
Mathatias, l'un des Machabées.............. 146 —
Jacob, célèbre pasteur hébreu.............. 147 —
Antiochus IV, dit Epiphanes............... 149 —
Abraham, le plus célèbre des patriarches..... 175 —
Isaac, son fils............................. 180 —

CENTENAIRES MODERNES.

M. Noël de Quersonnières, existant et âgé de 114 ans.
Delpuech, mort à Saint-Cernin, en 1840, à... 120 —
Mme Barnet, à Charleston, en 1820, à........ 123 —
Marie Wilson, existant en 1767, âgée de...... 127 —
Causeur, décédé en 1775, à l'âge de........ 137 —
Drackenberg, le Vieil Homme du Nord, en 1770,
    à................................... 146 —
Outrégo, Espagnol, mort en 1726, à.......... 147 —
Switz (Etienne), mort à Londres, en 1741,
    à................................... 149 —
Jean Rowir, patriarche hongrois, en 1750,
    à................................... 172 —
Pierre Zortan, patriarche hongrois, en 1724,
    à................................... 185 —

On voit que les modernes ne le cèdent pas aux anciens.

Bien plus, s'il fallait prendre à la lettre les exemples de longévité inqualifiables rapportés dans la Bible, et antérieurs à Abraham (avant lequel l'année n'était que de trois mois ou une saison), j'opposerais aux :

230 ans de Sarug, fils de Reü (*Genèse*), chap. XI,
239 — de Reü, fils de Phaleg *Id.* *Id.*
239 — de Phaleg, fils d'Héber, *Id.* *Id.*
338 — d'Arphazad, fils de Sem, *Id.* *Id.*
365 — d'Hénoch, fils de Jared, *Id.* chap. V :

1° Saint Mochée, mourant âgé de 300 ans, sous Thuatalus, quatrième roi d'Hibernie, qui régnait vers l'an 540 de l'ère vulgaire. (*Elémens de l'histoire*, tom. 3, pag. 522, par l'abbé de Vallemont);

2° En 1536, Xéquépéer, mahométan, natif de la province de Xéqui, est trouvé dans l'île de Bengale, âgé de 300 ans. Il est amené à Nonnio-Cugne, vice-roi des Indes. (Ferdinand Lopez de Castaneda, liv. 8 de sa *Chronique*.)

Dans la description de l'invasion de Diu par les Portugais, sous la conduite de Nunuo de Cuna, l'historien Favia rapporte également ce fait, sans aucune marque de doute, dans les termes suivans : « Parmi ceux qui jouissaient d'une pension, il se présenta un Maure de Bengale, qui se trouva, par des informations authentiques, âgé de 300 ans. Il avait alors deux fils, l'un de 90 et l'autre de 12 ans seulement. Ses cheveux et ses dents s'étaient renouvelés cinq ou six fois. On ne lui aurait pas donné plus de 60 ans. Il mourut en 1618. » (*His-*

toire générale des voyages, par l'abbé Prévost ,
tom. 1ᵉʳ, pag. 136, édit. in-4°.)

3° On lit dans l'*Histoire des Indes*, par Maffée,
qu'à l'époque de l'entrée d'Acutia dans la ville
de Diu ou Dion, en 1535, il se présenta à lui un
vieillard âgé de 335 ans avec son fils qui en avait
90. Le père avait changé trois fois de dents et de
barbe , et sa barbe était redevenue noire autant de
fois après avoir été blanche.

Il demanda à Acutia une roupie (5 fr.) par jour,
en lui disant que le sultan Badour lui en allouait
autant. Le généreux Portugais, au lieu d'une, en
donna trois à ce phénix indien, en faveur d'une
vieillesse si vénérable. On rapporte que tout ce
qu'il racontait s'accordait très bien avec les his-
toires des temps passés , quoiqu'il ne sût pas
lire, etc.

(*Voyage autour du monde*, par Gémilli-Caréri,
tom. 2.—*Observations curieuses sur toutes les
parties de la physique*, *Journal des Savans*, février 1731, pag. 86.)

4° Voici un extrait du livre de Rampalle intitulé : *Que le monde ne va pas de mal en pis.*

Ce Rampalle ne croyait pas que la vie humaine
pût dépasser 120 ans, et il dit pourtant :

« Je sais bien ce qu'on rapporte de la longueur
des jours d'Argantonias, roi des Tartesses (150
ans); d'Epiménide (157 ans); de Cyniras , roi de
Chypre (160 ans); de Pittoréus (300 ans), et de
plusieurs autres. Je sais qu'en la description uni-

verselle qui fut faite du temps de Titus et de Vespasien, on trouva dans une seule contrée de l'Italie, entre les Apennins et le Pô, bon nombre de vieillards âgés de plus de six-vingts ans. Je sais que Gorgius, Sicilien, en a vécu 108; Térentia, femme de Cicéron, 107, et Clovis, fille d'Ophelius, 115, après avoir eu quinze enfans dans sa jeunesse. Mais ces exemples sont en si petit nombre, comparativement à la population générale, qu'ils ne doivent pas faire exception à la règle qui veut que l'homme ne puisse dépasser six-vingts ans depuis le Prophète-Roi.

« Il est vrai que, par une commune observation, on a vérifié qu'en divers temps et chez différentes nations, il s'est trouvé des personnes qui ont dépassé de beaucoup la durée commune des hommes ; et si, du règne d'Auguste, on lui produisit comme une merveille la bateleuse Galeria, qui, dans sa profession, comptait déjà 100 ans d'exercice, quand elle parut sur la scène à l'occasion de la dédicace du théâtre de Pompée, l'histoire de France allègue un certain Jean des Temps qui avait été soldat de Charlemagne, et mourut en l'an 1136 âgé de 360 ans, ou de 420 ans, selon Fulgosus, qui le fait mourir en 1146. Il n'y a que 100 ans qu'un auteur digne de foi (Vivès L.) a écrit qu'en un village d'Espagne tous les habitans descendaient d'un vieillard encore vivant, qui comptait un si grand nombre de générations dont il était la souche que les derniers ne pouvaient plus trouver de nom pour distinguer le degré de leur parenté.

Un annaliste du roi de Portugal (Lopez de Castanéda) assure qu'étant vice-roi des Indes, en 1535, on lui amena un homme (1) qu'on vérifiait par témoignages authentiques avoir déjà vécu 335 ans. Il avait rajeuni plusieurs fois; et, repassant d'une vieillesse chenue à la vigueur de la virilité, il avait trois fois changé de poil, de dents et de teint. Il se nommait Hugo de Acuna, et disait avoir épousé 700 femmes; ce qui ne semblera point incroyable, si l'on considère la loi de ce pays qui permet de répudier les femmes dès qu'elles vieillissent, et d'en prendre d'autres plus fraîches toutes les fois qu'on le veut. Un médecin lui tâta le pouls par le commandement du vice-roi, et il le trouva robuste et vigoureux comme celui d'un jeune homme; et, en effet, il avait alors la barbe et les cheveux noirs comme ceux d'un adulte, etc. (Castanède, *Histoire de Portugal*, liv. 8. — Rampalle, pag. 247 et suivantes. Courbé, 1641, in-8°.)

5° En 1602, dans l'Inde portugaise, s'est trouvé un homme âgé de 380 ans, sur lequel fut composée en italien la pièce suivante, et dont voici la traduction littérale :

Relation très vraie envoyée à dom frère André de Sainte-Marie, évêque de Cochin, contenant comme dans les Indes portugaises il se trouve un

---

(1) Celui dont il est question à la page précédente.

homme qui a 380 ans, qui a été marié huit fois ; à qui, depuis, les dents sont tombées deux fois et lui sont revenues. (A Turin, chez Joseph-François Cavaleri, 1613, avec permission des supérieurs, pag. 7, in-8°.)

Les 433 ans de Salé, fils d'Arphaxad (Genèse, pag. 9, chap. XI, verset 13), et les 464 ans d'Heber, fils de Salé (Genèse, pag. 9, chap. XI, verset 17), seraient compensés par les 500 ans d'un certain Papalius, Allemand, prisonnier chez les Sarrazins, et qui vécut, dit-on, 500 ans par la vertu d'une drogue à lui connue. (Roger Bacon, *De Secretis operibus*.)

Les 600 ans de Sem, fils de Noé (Genèse, pag. 9, chap. XI, versets 10 et 11), trouveraient leur équivalent dans les six siècles du devin Tirésias. (Lucien, *De Macrobiis.*—Lottin, 1765.)

Je compenserais les 777 ans de Lameth, fils de Mathusala (Genèse, pag. 5, chap. V, verset 31), par les 800 ans d'un roi de l'île des Locmiens, mort au commencement de l'ère vulgaire. (Pline, lib. 7, n° 45.—Valère-Maxime, lib. 8.)

Si Malaléel, fils de Caïnan, a vécu 895 ans (Genèse, p. 4, chap. V, versets 15 et 17), Roger Bacon dit qu'il avait parlé à plusieurs personnes dignes de foi qui connaissaient un homme parvenu à l'âge de 900 ans, au moyen d'un préservatif souverain. Il ajoute que cet homme en avait obtenu, en l'an 1200, un certificat du pape Alexis III. (Bacon, *De Secretis operibus.*)

Enfin Noé et ses 950 ans (Genèse, pag. 8, chap. IX, verset 29), et Mathusala ou Mathusalem, fils d'Hénoch, avec ses 969 ans (Genèse, pag. 5, chap. V, verset 27), trouveraient des rivaux dans Artésius le philosophe, qui se vantait d'être parvenu à 1,029 ans, et qui mourut en l'an 1200, selon Roger Bacon (*De erroribus medicorum*), et dans la sibylle Erythrée, qui, d'après Phlégon (*De mirabilibus et longœvis*), aurait vécu dix âges ou 1,000 ans.

Arrivé au dernier feuillet de ce nouveau chapitre des *Mille et une Nuits*, je dois me confesser vaincu, ne sachant qu'opposer à Cartaphilus (le Juif errant), article de foi chez plusieurs chrétiens, puisque Matthieu Pâris dit sérieusement, dans son *Histoire d'Angleterre*, que ce personnage a été reconnu en 1229. (*Journ. ecclésiast.*, juin 1761, pag. 41 et 47.)

Je ne puis sortir de ce mauvais pas qu'en faisant invasion dans le règne végétal.....—Eh quoi! opposer un sycomore ou un baobab à un Hébreu; cela n'est pas loyal.—Pardon! l'un et l'autre ont eu un commencement et doivent avoir une fin; seulement c'est une question de temps, et... qui vivra verra.

Mais, avant de passer outre, j'appellerai l'attention du lecteur sur une comparaison établie, assez souvent, entre la durée de la vie humaine et celle de quelques volatiles, quadrupèdes ou poissons. Comme l'imagination pourrait s'égarer dans les fables débitées chaque jour, il est bon de rétablir la vérité et de faire connaître, à ce sujet, l'opinion de Buffon.

Je saisis d'abord au passage deux oiseaux de proie, le corbeau et l'aigle ; puis, ouvrant le tome 5 de l'édition de 1775, je lis, à la page 42 : « Aucun observateur, que je sache, n'a déterminé l'âge auquel les jeunes corbeaux, ayant pris la plus grande partie de leur accroissement, sont vraiment adultes et en état de se reproduire ; et si chaque période de la vie était proportionnée dans les oiseaux, comme dans les animaux quadrupèdes, à la durée de la vie totale, on pourrait soupçonner que les corbeaux ne deviendraient adultes qu'au bout de plusieurs années ; car, quoiqu'il y ait beaucoup à rabattre sur la longue vie qu'Hésiode accorde aux corbeaux, cependant il paraît assez avéré que cet oiseau vit quelquefois un siècle et davantage. On en a vu dans plusieurs villes de France qui avaient atteint cet âge ; et, dans tous les pays et tous les temps, il a passé pour un oiseau très vivace ; mais il s'en faut bien que le terme de l'âge adulte, dans cette espèce, soit retardé en proportion de la durée totale de la vie ; car, sur la fin du premier été, lorsque toute la famille vole de compagnie, il est déjà difficile de distinguer à la taille les vieux d'avec les jeunes ; et dès lors il est très probable que ceux-ci sont en état de se reproduire dès la seconde année. »

Retournant ensuite au tome 1er, page 117, j'y trouve que : « Les aiglons n'ont pas les couleurs du plumage aussi fortes que quand ils sont adultes ; ils sont d'abord blancs, ensuite d'un jaune pâle , et deviennent enfin d'un fauve assez vif. La vieillesse, ainsi que les trop grandes diètes, les maladies et la trop longue captivité les font blanchir. On assure qu'ils vivent plus d'un siècle, et l'on prétend que c'est moins encore de vieillesse qu'ils meurent que de l'impossibilité de prendre de la nourriture, leur bec se recourbant si fort avec l'âge qu'il leur devient inutile. »

Et comme le reste de la gent emplumée ne vaut pas l'honneur d'être cité , je poursuis dans les termes suivans :

Le Lion. On sait que celui né sous le soleil brûlant de l'Afrique ou des Indes est le plus fort et le plus terrible de tous les animaux ; heureusement la durée de sa vie ne répond pas à ces avantages.

On peut présumer avec assez de vraisemblance que le lion, attendu la grandeur de sa taille, est au moins 3 ou 4 ans à croître, et qu'il doit vivre environ sept fois 3 ou 4 ans, c'est-à-dire à peu près 25 ans. (Buffon, *Histoire naturelle*, tom. 18, pag. 23, édit. de 1764.)

Le Cerf. Comme il est 5 ou 6 ans à croître, il vit aussi 7 fois 5 ou 6 ans, c'est-à-dire 35 ou 40 ans. Ce que l'on a débité sur la longue vie des cerfs n'est appuyé sur aucun fondement ; ce n'est qu'un préjugé populaire qui régnait dès le temps d'Aristote, et ce philosophe dit avec raison que cela ne lui paraît pas vraisemblable, attendu que le temps de la gestation et celui de l'accroissement du jeune cerf n'indiquent rien moins qu'une longue vie. Cependant, malgré cette autorité, qui seule aurait dû suffire pour détruire ce préjugé, il s'est renouvelé dans des siècles d'ignorance, par une histoire ou une fable que l'on a faite d'un cerf qui fut pris par Charles VI, dans la forêt de Senlis, et qui portait un collier sur lequel était écrit : *Cæsar hoc me donavit* ; et l'on a mieux aimé supposer mille ans de vie à cet animal, et faire donner ce collier par un empereur romain, que de convenir que ce cerf pouvait venir d'Allemagne, où les empereurs ont dans tous les temps pris le nom de César. (Buffon , *Histoire naturelle,* tom. 11, pag. 127, 1758.)

Le Rhinocéros. Dans le premier mois de sa naissance, cet animal n'est guère plus gros qu'un chien de grande taille. Il n'a point en naissant la corne sur le nez, quoiqu'on en voie déjà le rudiment dans le foetus ; à 2 ans cette corne n'a encore poussé que d'un pouce, et à 6 ans elle a 9 à 10 pouces ; et comme l'on connaît de ces cornes qui ont près de 4 pieds de longueur, il paraît qu'elles croissent au moins jusqu'au moyen-âge et peut-être pendant toute la vie de l'animal, qui doit être d'une assez longue durée, puisque le rhinocéros décrit par M. Parsons n'avait à deux ans qu'environ la moitié de sa hauteur, d'où l'on peut inférer que cet animal doit vivre, comme l'homme, 70 ans ou 80 ans. (Buffon, *Histoire naturelle*, tom. 22, pag. 259, 1766.)

L'Éléphant. Lorsqu'il est bien soigné, il vit long-temps quoiqu'en captivité, et l'on doit présumer que dans l'état de liberté sa vie est encore plus longue. Quelques auteurs ont écrit qu'il vivait 4 ou 5oo ans, d'autres 2 ou 3oo ans, et d'autres enfin 120, 13o ou 15o. Je crois que le terme moyen est le vrai, et que si l'on s'est assuré que des éléphans captifs vivent 120 ou 13o ans, ceux qui sont libres et qui jouissent de toutes les aisances de la vie et des droits de la nature doivent vivre au moins 200 ans, et, s'il leur faut 3o ans pour prendre tout leur accroissement, on peut encore être assuré que leur vie s'étend au moins au terme que nous venons d'indiquer. Au reste, la captivité abrège moins leur vie que la disconvenance du climat : quelque soin qu'on en prenne, l'éléphant ne vit pas long-temps dans les pays tempérés et encore moins dans les climats froids. Celui que le roi de Portugal envoya à Louis XIV, en 1668, et qui n'avait alors que 4 ans, mourut à 17 ans et ne subsista que 13 ans dans la ménagerie de Versailles, etc. (Buffon, *Hist. nat.*, tom. 22, pag. 61 et suiv.)

Ainsi, de tous les quadrupèdes, l'éléphant est le seul dont l'existence puisse atteindre ou dépasser la durée de la vie de l'homme.

Parmi les amphibies, le crocodile et le crapaud sont les seuls qui puissent vivre 100 ans et plus.

Les poissons ont aussi une existence de longue durée. Cela tient à l'égalité de température des milieux dans lesquels ils vivent, à leur conformation particulière et aux organes spéciaux dont la nature les a doués. La carpe, par exemple, peut atteindre 150 ans.

Quant aux cétacés ou grands poissons, la durée de leur existence ne paraît guère appréciable. Buffon croyait que la baleine peut vivre 1000 ans, mais rien ne justifie cette hypothèse.

Par analogie, je vais indiquer la durée et la dimension extraordinaires de quelques arbres.

Le cèdre du Liban apporté d'Angleterre, en 1735, par Bernard de Jussieu, et planté dans le Jardin royal des plantes à Paris, compte 106 ans et a 3 mètres 40 centimètres de circonférence. Il peut vivre encore 200 ans.

L'if d'Ecosse. Il existe à Fortingal, en Ecosse, un if qui a 18 mètres de tour et date de 7 à 8 siècles. (*Annales européenn.*, tom. 1er.)

Le châtaignier de l'Etna est contemporain de Pline et compte ainsi plus de 1,800 ans. Il a 27 mètres de circonférence.

Le platane de Cos ne compte que 12 mètres de tour, mais sa naissance remonte à l'ère brillante des hippocratides. Or, 22 siècles pèsent sur les cendres d'Hippocrate, fils d'Héraclide. (*Journ. des voyages,* 1826.)

Le sycomore des Etats-Unis a 24 mètres de circonférence, et son âge est évalué à 3,000 ans. Il est situé près de Ferry-Howel-Carolina, du côté d'York. (Yorkville Pioncer, 1824.)

Le chêne des Ardennes. Un bûcheron des Ardennes a découvert dans le tronc d'un vieil arbre abattu, des pièces de monnaies reconnues pour être samnites et remonter à trois siècles avant la fondation de Rome, ce qui porterait l'âge de cet arbre à plus de 3,600 ans. (*Ann. europ.*, tom. 6.)

L'Ateli de Babylone, qui fleurit encore auprès des ruines de cette ville, existe, dit-on, depuis le temps des rois de cet empire.

Enfin Adanson dit que le baobab d'Afrique peut vivre 6,000 ans. (*Ann. europ.*, tom. 1.)

TROISIÈME PARTIE.

SOMMAIRE.

Centenaires propres à l'Espagne — l'Italie — la Grèce — l'Allemagne — l'Angleterre — la Russie — la France. — Tableau des centenaires décédés, de 1824 à 1837, dans chacun des quatre-vingt-six départemens. — Longévités observées depuis 1838 jusqu'à ce jour. — Liste des centenaires existans au 1ᵉʳ janvier 1842. — Paris. — Longévités observées depuis le commencement du dix-huitième siècle jusqu'à présent. — Les hospices. — L'hôtel royal des invalides. — Diverses classes : pauvre, laborieuse, riche. — Observations sur l'hygiène. — Conseils sur la santé. — Probabilités de longévité.

> Apparent rari nantes in gurgite vasto.
> ENÉÏDE, liv. 1, tom. 2.

En commençant cette troisième partie, j'éprouve un sentiment indéfinissable à me trouver en opposition avec l'illustre Buffon qui, dans son *Histoire naturelle* (tom. 4. pag. 357, 5ᵉ édition), s'exprime, relativement à la durée de la vie de l'homme, dans les termes suivans :

« D'ailleurs, si l'on fait réflexion que l'Européen,
« le Nègre, le Chinois, l'Américain, l'homme policé,
« l'homme sauvage, le riche, le pauvre, l'habitant de
« la ville, celui de la campagne, si différens entre
« eux par tout le reste, se ressemblent à cet égard
« et n'ont chacun que la même mesure, le même
« intervalle de temps à parcourir de la nais-
« sance à la mort ; que la différence des races, des

« climats, des nourritures, des commodités, n'en
« fait aucune à la durée de la vie, etc.»

Quelle que soit l'autorité acquise à un grand
nom, la vérité est une et imprescriptible : lorsque
Buffon écrivait ce qui précède, la science de la statistique n'existait pas ou était encore dans l'enfance. MM. Dupré de Saint-Maur et de Parcieux sont
les seuls qui, vers cette époque, se soient livrés à
des recherches sur la statistique humanitaire, mais
dans un cercle fort rétréci.

On ne saurait, aujourd'hui, contester la puissance des chiffres, ni le résultat d'investigations
faites d'après les tables de mortalité dressées par
l'ordre des divers gouvernemens de l'Europe, sur
de vastes échelles.

Dès lors n'est-il pas à craindre que notre grand
naturaliste n'ait émis, à ce sujet, des idées trop ab-
solues? La déduction des faits déjà exposés, et de
ceux qui vont suivre, est la meilleure réponse, et
c'est aussi le seul mode d'argumentation qui puisse
m'être permis avec M. de Buffon.

A l'exception des parties de l'Inde où règne un
printemps perpétuel et où la vie de l'homme atteint quelquefois ses dernières limites, il est prouvé
que la patrie des centenaires se trouve en Europe,
dans les régions du Nord, telles que la Grande-
Bretagne, l'Allemagne et la Russie, tandis que l'existence est, en général, de peu de durée dans les
climats chauds, tels que l'Espagne ou l'Italie, et que
la France, située à l'est, tient le milieu.

On vit moins long-temps sous l'équateur que vers les pôles, plus long-temps sur les collines que dans les vallées, et dans les campagnes qu'à la ville. M. de Buffon lui-même reconnaît que, « s'il y a « quelque différence dans la durée de la vie, on « doit l'attribuer à la qualité de l'air; qu'on a ob- « servé que dans les pays élevés il se trouve com- « munément plus de vieillards que dans les lieux « bas, les montagnes d'Écosse, de Galles, d'Auver- « gne ou de Suisse, fournissant plus d'exemples de « vieillesses extrêmes que les plaines de la Hol- « lande ou de la Flandre, etc. »

Ces vérités seront démontrées d'une manière plus palpable par les faits que je vais accumuler. Procédant toujours du petit au grand, je commencerai par la péninsule hispanique, celle des contrées de l'Europe où la vie a le moins de durée. Les exemples de longévité qui vont suivre sont les seuls que j'aie pu recueillir, et ils ne sont pas nombreux, même à partir de l'âge de 100 ans.

En juin 1737, Nuno, religieux trinitaire, meurt à Coïmbre, en Portugal, à l'âge de 102 ans. (V., pag. 79.)

Le 24 mars 1756, meurt, à Coïmbre, en Portugal, Dom Assensio Mendez, prêtre, âgé de 102 ans 4 mois 26 jours. Il avait joui jusqu'à la fin d'une santé parfaite; tous les jours il disait sa messe et ne se servait pas de lunettes. Il n'avait perdu aucune de ses dents. (A. D. P., pag. 72, 1761.)

9.

Osius, évêque de Cordoue, en Espagne, vécut 103 ans, étant né en 257 et mort en 350.

L'empereur Constantin le choisit pour aller en Égypte apaiser les troubles occasionnés par les opinions d'Arius sur la divinité du Verbe. En 324 il présida le second concile d'Alexandrie, et en 325 le premier concile général de Nicée. (MM. Dupin et Tillemont.)

Le 28 juin 1755, Thomas de Caraccioli, le plus ancien des lieutenans-généraux des armées du roi d'Espagne, meurt dans la 103e année de son âge. (V., pag. 240, mars 1761.)

Le 2 novembre 1770, Christophe Sanchez de Movellon, laboureur, meurt à Trécino, dans la vallée de Valdaliga, évêché de Saint-André, en Espagne, dans la 106e année de son âge. (*Gazette de France*, 21 décembre 1770, pag. 412.)

Le 1er février 1770 meurt, dans la ville de Cordoue, en Espagne, Dona Catharina de Aranda y Poso, née à Pédroche, même diocèse, et dans laquelle paroisse elle fut baptisée le 16 novembre 1663. Ainsi, elle se trouvait dans la 107e année de son âge (106 ans 2 mois 23 jours).

Elle avait toujours eu une bonne santé, et travailla constamment jusqu'en janvier 1770, mois qui précéda celui de son décès.

Elle s'éteignit peu à peu et conserva jusqu'au dernier moment son jugement et l'usage de tous ses sens. (*Gazette espagnole de Madrid* du 27 février 1770.)

En août 1768, **Moréno** (Joseph), soldat invalide, meurt, à l'hôpital général de Madrid, dans la 108ᵉ année de son âge. Il était né à Tolède, et avait servi dès l'an 1690. Il avait été esclave à Alger pendant 6 ans, et n'eut jamais d'autre maladie que celle dont il mourut. (*Gazette de France* du 5 septembre 1768.)

Le 17 juillet 1737, Maria Anna da Fé, religieuse du monastère de Sainte-Claire, à Santarem, en Portugal, meurt âgée de 109 ans.

Le 24 décembre 1737, Maria Victoria, religieuse de Sainte-Claire, à Porto, en Portugal, y meurt âgée de 110 ans. (V., 1738.)

Le 8 novembre 1734, Antoine Rodriguez, pourvoyeur des magasins du roi de Portugal, meurt à Lisbonne, à l'âge de 114 ans 3 mois et trois jours. (V.. pag. 159.)

Le 31 mars 1759, Jean-Laurent Gonzalès meurt à Lérida, ville d'Estramadure, en Espagne, à l'âge de 118 ans 9 mois et 7 jours.

Il n'avait fait d'autre métier, pendant 100 ans, que de pêcher des tortues ou de prendre des mésanges. A l'âge de 114 ans, il fut obligé de mendier pour subsister. M. le vicomte de Sierrabrava, colonel des miliciens de Badajoz, le prit alors chez lui. Il ne fut saigné ni visité par les médecins que dans la maladie qui mit fin à ses jours. Il se guérissait lui-même de ses indispositions avec du sang de tortue battu dans l'eau. (A. D. P., pag. 342. — E. M., 1760.)

En septembre 1771, Jacinthe La Rosca meurt à Alquérian, province de Murcie, en Espagne, dans la 118e année de son âge.

Il avait passé 40 ans avec sa première femme, dont il avait eu 10 enfans, et 20 ans avec la seconde, qui ne lui en donna point.

Ce laboureur n'avait jamais fait de maladie grave. (Verdun, novembre 1771, pag. 399.)

Pedro de Vezannos meurt à Madrid, en 1725, à l'âge de 120 ans, après avoir passé un siècle entier avec sa femme, qu'il avait épousée étant âgé de 18 ans, et avec laquelle il renouvela deux fois la cérémonie de la cinquantaine. Elle n'avait que 3 ans de moins que lui et comptait, par conséquent, 117 ans quand il mourut. (Lottin.)

En juin 1767, Françoise Morsio, paysanne du bourg de Castro, paroisse de Sainte-Leucade, diocèse de Saint-Yago, en Espagne, y meurt âgée de 120 ans, ayant conservé jusqu'à son décès toute la vigueur de l'âge le moins avancé et allant travailler à la terre avec la plus grande activité. Peu de jours avant sa mort, elle vaquait encore aux soins domestiques dans l'intérieur de son ménage. (*Courrier d'Avignon* du 30 juin 1767.)

En janvier 1770, Marie-Hernandez Blanco meurt aux environs de Murcie, en Espagne, dans un hameau nommé Belchid, à l'âge de 120 ans.

Elle allait tous les jours entendre la messe à Murcie, distant d'un quart de lieue de Belchid. Son occupation était de coudre et de broder des manchettes, et elle ne s'était jamais servi de lunettes. (*Gazette de France* du 13 février 1770.)

Jean Escarinhado, Portugais, meurt à l'âge de 125 ans, au mois de décembre 1731, après 88 ans de mariage avec Antoinette Rodrigues, décédée à 104 ans. (V. 1732, pag. 233.)

En 1727, le curé de Fésignano, administra, dans la ville de Saint-Jean-de-Lugo, en Galice, le sacrement de l'Eucharistie à treize personnes des deux sexes, âgées ensemble de 1,499 ans, savoir : trois de 110, une de 112, une de 113, deux de 115, deux de 116, une de 117, une de 118, une de 120 et une de 127 ans.

Réunis, pour cette cérémonie, de tous les points de la Péninsule, ces centenaires étaient les seuls qu'on eût pu trouver alors en Espagne. (*Théâtre critique de Don Feijoo.*)

Le 28 avril 1756, Jean-Pierre Mendès, d'Albuzères, dans le cercle de Badajoz, en Espagne, meurt dans la 130e année de son âge.

L'année qui précéda son décès, il avait encore la vue tellement bonne, qu'il tua d'un coup de fusil un lièvre au sortir du gîte. (*Gazette de Hambourg*, 1756, article de Madrid.)

En 1150, Aven-Zoar ou Abenzoar, fils de Zéar, médecin, et Arabe d'origine, né à Séville, en Espagne, parvient jusqu'à 136 ans.

Il vivait du temps d'Averroès et d'Avicenne. On dit que, dès l'âge de 10 ans, il s'adonna à l'étude de la médecine et que, depuis, sa longue expérience

dans cet art le fit surnommer le sage et l'illustre.
(*Castellan. in vit. medic.*, *Traité de l'Opinion*, tom.
1, p. 647.— Moreri, *Verbo Avenzoar*.)

GRÈCE ET ITALIE.

La domination des Romains s'étendit sur le
monde alors connu. Ce peuple conquérant et ci-
vilisateur porta dans les diverses branches de l'administration publique un ordre et une régularité
admirables. Au nombre des moyens d'action gou-
vernementale, il faisait entrer le dénombrement
des populations, seul mode d'appréciation de la
force numérique d'une nation.

Or, si l'on ne trouve pas de centenaires anciens
en Afrique, c'est qu'il n'en exista jamais dans cette
vaste région, car il ne s'en rencontre pas dans les
dénombremens ordonnés par les empereurs; et,
depuis l'ère vulgaire, l'histoire n'en signale aucun.
Rien n'est d'ailleurs moins surprenant, puisque le
climat dévorant de cette partie du monde ne permet pas à l'homme d'y atteindre les bornes de la
vie. Cependant il y en a en Egypte, dans les parties voisines du Nil ou de la mer.

Ainsi, indépendamment des macrobies anté-
rieures au christianisme et de quelques pères de
l'Eglise, M. le baron Larrey, chirurgien en chef de
l'expédition française en Egypte, constata, en 1800,
l'existence, dans la seule ville du Caire, de 35 individus âgés de plus de 100 ans.

Mais, depuis douze ans que le drapeau tricolore

se promène dans les possessions françaises du nord de l'Afrique, aucun centenaire n'a été signalé jusqu'à ce jour.

Le ciel moins ardent de l'Italie est aussi moins contraire à la longévité. Les cas y sont plus nombreux qu'en Espagne ; toutefois, il faut également partir de l'âge de 100 ans pour trouver matière à citation, les exemples de vieillesse phénoménale y étant extrêmement rares, même en remontant à 4 ou 500 ans avant l'ère vulgaire.

Voici donc la nomenclature des centenaires depuis cette époque jusqu'à nos jours ; elle comprend plusieurs hommes célèbres dont la biographie, quoique assez étendue, trouvera sa place ici.

355 avant J. C., Isocrate, l'un des plus célèbres rhéteurs et orateurs grecs, meurt dans sa centième année. A 94 ans, comme il le témoigne lui-même, il composa son livre intitulé : *Les ouvrages d'Athènes.* Sa vie ne se termina pas avec cet écrit. Il vécut encore 5 ans et ne mourut, au rapport de Plutarque, que de chagrin de la perte de la bataille de Chéronée ; il se laissa périr de faim. (Plutarque, *In Isocrate.* Valère-Maxime, *lib.* 8, c. 7. 16.)

Cette version est conforme à celle de Lucien, qui ajoute qu'Isocrate, prévoyant la captivité de la Grèce après la perte de cette bataille célèbre, récita, les larmes aux yeux, ce vers d'Euripide :

Cadmus quittant un jour la ville de Sidon.

(Lucien, De Macrobiis.)

Quintus-Fabius-Maximus, augure pendant 62 ans, parvint à l'âge de 100 ans et mourut l'an 50 de J.-C. (Val. Max., *lib.* 8, *c.* 13. 3.)

Marcus Perpenna, deux fois consul, et souverain pontife, vécut 100 ans. Il survécut à tous les sénateurs qu'il avait appelés au sénat le jour de son élection à la dignité de consul, et à tous ceux que, comme censeur et collègue de L. Philippus, il avait admis dans cette compagnie. Il n'en resta que sept après lui, en sorte qu'on peut dire qu'il survécut à ce grand corps. (Pline, *lib.* 7, *n*° 40.)

Luceïa, comédienne, représentait encore avec succès à l'âge de 100 ans. (Pline, *lib.* 7, *n*° 49.)

M. Terentius Varron, le plus docte des Romains, et lieutenant de Pompée dans la guerre contre les pirates, fournit son siècle et mourut 30 ans avant la naissance du Christ.

« Quoiqu'il ait vécu 100 ans, dit Valère-Maxime, « ses années ne passent pas le nombre de ses ou-« vrages. Il ne cessa d'écrire qu'en cessant de vi-« vre. Pollion fit placer dans sa bibliothèque publi-« que les statues des plus savans personnages de « l'antiquité; Varron fut le seul des vivans auquel « il accorda cet honneur.» (Valère-Maxime, *lib.* 8, *cap.* 7, *p.* 3.)

Phlégon a donné, d'après Pline, la liste des sujets de l'empire romain qui, lors du dénombrement ordonné par les empereurs Vespasien et Titus, l'an 74 de J.-C., furent trouvés âgés de 100 ans et au-delà. Cette liste se compose de 65 personnes dont 55 hommes et 10 femmes. A peine ce nombre égale-t-il celui des centenaires qui meurent annuellement à Saint-Pétersbourg et à Moscou. Quoi qu'il en soit, voici les noms de ces 65 personnes, relevés exactement sur les rôles des censeurs.

HOMMES.

Marcus Acellius de Bologne.
L. Acilius de Plaisance.
T. Æmilius de Regio.
Alexandre de Thiano.
Alucius-Apilitila d'Intéramne.
B. Amurius-Ferio de Cornélia.
T. Antonius de Regio.
Arruntius de Conimbre.
Bonzestoni de Polpe de Macédoine.
Camalus d'Intéramne.
T. Camorius Tertius de Fidènes.
Q. Cassius Ruffus de Regio.
C. Castopudes de Parme.
Celtius d'Apéïlocario.
Ceselius Cyrus de Plaisance.
Crysius de Thiano.
L. Cornélius, fils de Cornius de Plaisance.
L. Cussonius de Cornelia.
P. Decennius-Démosthènes, affranchi.
Duccurius d'Ebure.
T. Erusius Pollio de Bologne.
P. Fulvius-Phryé, affranchi de Polenza.

L. Gaminius de Velia.

L. Glaucus Verus de Plaisance.

Hieron de Thiano.

Julius Pollius de Ravennes.

L. Licinnius Palus, affranchi de Plaisance.

Q. Lucretius Primus de Regio.

Mantis, d'Amphipolis en Thrace.

Muzacus de Nicomédie.

P. Nevius de Bâle.

M. Nirellus de Bologne.

C. Nonius-Maximus de Brescia.

T. Numérius de Plaisance.

OEdizius-Diza, de Paraccopolis en Macédoine.

T. Petronius de Plaisance.

L. Phidielanius de Sinope.

C. Portensius-Fronto de Bologne.

Prœzi d'Amphipolis en Thrace.

Sarces-Kilamatecis de Thrace.

T. Serius Secundus de Bologne.

M. Talpius Vitalis de Conimbre.

M. Terentius-Albius, affranchi de Plaisance.

C. Valerius Primus de Velia.

C. Vatius Tertius de Plaisance.

Q. Velius de Velia.

T. Veteranius de Bologne.

L. Vestius de Brescia.

L. Vetustius Secundus de Plaisance.

T. Vibius Thalbius de Parme.

M. Vilonius Severus de Velia.

Zakedentes-Mucasi de Paraccopolis , en Macédoine.

FEMMES.

Abbatia-Sabina de Parme.
Bascia Asticosi, de Philippe en Macédoine.
Bebia Marcella, fille d'Ortyge.
Catio, fille de Faënza.
Craesta de Thiano.
Gaza de Thiano.
Petronia, affranchie de Plaisance.
Pollia-Polla, fille d'Aëtosie.
Salvia Varena de Bâle.
Turella Forensis, affranchie de Bologne.

Phlégon nous a transmis aussi les noms de cinq personnes qui, l'an 117 de J.-C., moururent âgées de 101 ans. Ce sont :

C. Leledius Primus de Bologne.
Buria Lychnœnis de Parme.
Cerconia-Verecunda, affranchie de Cornélia.
Claudia Potesta, affranchie de Bologne.
Cusinia Juvenca, affranchie de Parme. (Phlégon, *De mirabilibus et longævis.*)

On voit que ces dénombremens s'étendaient de l'Italie à la Suisse et à la Grèce.

Demonax, philosophe de l'île de Chypre, meurt à 100 ans, sous le règne d'Adrien, et 120 ans après J.-C.

Il se laissa mourir de faim et sans rien perdre de sa gaieté habituelle. Lucien, qui a écrit sa vie, rapporte diverses particularités relatives à ce philosophe. Il avait toujours à la bouche ce vers d'Homère :

Un lâche et un héros meurent l'un comme l'autre.

Se voyant à charge à soi-même et fatigué de la vie, il dit à ceux qui l'entouraient ce que le héraut crie après les jeux publics : « On peut se retirer, « le spectacle est achevé ! »

Quelqu'un lui ayant demandé s'il n'avait rien à ordonner relativement à ses funérailles : « Si per-« sonne ne m'ensevelit, dit-il, la pourriture m'en-« sevelira. — Mais quoi, lui répondit-on, vous « laisserez-vous manger aux chiens et aux oiseaux ? « — Je serai au moins, répliqua-t-il, utile à quelque « chose après ma mort. »

Les Athéniens lui firent des funérailles publiques avec un grand appareil, et les philosophes le portèrent eux-mêmes sur leurs épaules. (Lottin, *Almanach de la vieillesse*, tom. 1.)

Le 20 août 1241, le pape Grégoire IX meurt dans sa centième année, selon le témoignage de Matthieu Pâris, historien contemporain, mort lui-même en 1259, et cité par Rainald, Sponde et l'abbé Fleury. Dans l'histoire de ce dernier, la mort du pontife Grégoire est rapportée à l'année 1234 ; mais c'est par erreur, et il faut lire 1241.

Claude Galien naquit à Pergame, ville célèbre de l'Asie-Mineure, vers l'an 128 ou 131 de J.-C., et la douzième ou quinzième année du règne d'Adrien.

Son père, nommé Nicon, l'un des plus fameux architectes de son temps, fut un citoyen aussi recommandable par les qualités de son cœur que par celles de son esprit. « J'ai été bien heureux, dit Galien, d'avoir eu pour père un des hommes les plus éclairés et les plus vertueux qui aient jamais existé. »

Nicon dirigea lui-même l'éducation de son fils, et lui fit étudier avec le plus grand soin la grammaire, la rhétorique, l'histoire, la poésie et les langues étrangères ; mais Galien conserva toujours pour sa langue naturelle une prédilection marquée, et comparait les autres aux cris des animaux.

A l'âge de 21 ans, il s'était déjà fait un nom dans les lettres et dans la philosophie. Mais un songe de son père détermina sa vocation pour la médecine. « Je l'embrassai, dit Galien, par le sentiment de la dignité de cette profession, et par l'inspiration divine que je reconnus dans un songe de mon père. »

Dès lors Galien ne s'occupa plus que d'acquérir les connaissances nécessaires à l'exercice de sa profession. Il voyagea pendant plusieurs années pour connaître les différentes opinions des plus célèbres médecins de la Grèce, de l'Asie-Mineure, de la Syrie, des îles de Chypre et de Crète.

La facilité d'étudier l'anatomie sur des squelettes humains l'engagea à séjourner quelque temps à Alexandrie, seul pays où il fût permis alors de s'occuper de cette science.

Galien, fort de tous ces avantages, revint dans sa patrie : le plus aveugle empirisme y dirigeait la pratique des médecins ; il y substitua la médecine philosophique d'Hippocrate. Des succès multipliés, et surtout une nouvelle méthode de traiter les plaies des nerfs et des tendons des gladiateurs, victimes, avant lui, de l'impéritie des soins qu'on leur donnait, lui attirèrent une grande célébrité; mais il ne put jouir long-temps de ses triomphes. Galien, comme tous les gens de lettres, aimait la vie tranquille. Une sédition qui éclata à Pergame le força de se réfugier à Rome, à l'âge de 42 ans. Plein de l'idée des avantages qu'on peut retirer de l'anatomie, il en donna des leçons, et se fit surtout remarquer par des démonstrations sur les organes de la voix et de la respiration. Ces leçons lui firent un grand nombre de prosélytes, mais soulevèrent contre lui l'intrigue et l'ignorance.

Pour s'y soustraire, il retourna à Pergame; mais la confiance qu'il avait inspirée à l'empereur Marc-Aurèle ne lui permit pas de faire un long séjour dans sa patrie; il revint donc à Rome pour y cueillir de nouveaux lauriers. C'est à cette époque qu'il composa la plus grande partie de ses ouvrages.

A la mort de Marc-Aurèle, il quitta Rome une seconde fois pour se rendre aux vœux et aux sollicitations répétées de la ville de Pergame, sa patrie. Ses talens supérieurs, la noblesse et la générosité de sa conduite lui méritèrent, de la part de ses conci-

toyens, les témoignages les plus universels de reconnaissance et de confiance.

Galien a travaillé sur toutes les parties de la
médecine : anatomie, physiologie, hygiène, il a
fait sur tous ces objets des traités complets, dont
une partie seulement nous a été conservée ; le plus
grand nombre a péri, dévoré par les flammes, dans
l'embrasement du temple de la Paix où ils étaient
déposés.

Une vaste érudition, un génie ardent qui s'ap-
pliquait à tout, une facilité quelquefois trop
grande à commenter ou à expliquer les passages
qui lui semblaient obscurs ; un jugement assez
sain pour s'attacher de préférence aux grandes et
utiles choses ; un courage constant à poursuivre
les erreurs dominantes de son siècle partout où il
les rencontrait : tels sont les titres qui le recom-
mandent à la reconnaissance des médecins et de la
postérité.

S'étant déterminé, malgré le grand âge où il
était parvenu, à entreprendre un voyage en Ju-
dée, le vaisseau sur lequel il était embarqué ayant
fait naufrage, il ne sortit de ce danger que pour
éprouver tous les accidens d'une fièvre violente qui
l'enleva en peu de jours.

Ainsi périt un des médecins les plus renommés
de l'antiquité. On diffère sur l'espace de temps qu'il
a vécu : Suidas ne lui donne que 70 ans, tandis
que Rhrodigius lui en accorde 140 ; mais l'opinion
la plus reçue est qu'il mourut centenaire, ayant

vécu sous sept empereurs, depuis Adrien jusqu'à Caracalla. Il nous apprend lui-même qu'il était d'une constitution délicate, qu'il éprouva dans son enfance et sa jeunesse de graves maladies, mais que sa santé se fortifia par l'extrême sobriété et l'habitude d'un grand exercice. (*Galerie histor. des homm. célèb.*, tom. 5.)

Cornaro (Louis), né à Venise en 1467, mort à Padoue, le 26 avril 1566, dans la centième année de son âge, est l'exemple le plus frappant de la puissance de l'hygiène et d'un régime bien entendu suivis avec persévérance.

Né d'une famille distinguée et possesseur d'une grande fortune, il abusa tellement des dons de la nature qu'à l'âge de 40 ans, tout annonçait en lui une fin prochaine. Effrayé de l'état où il se voyait, il prit une résolution énergique. Passant tout-à-coup de l'intempérance et de la débauche à une très grande sobriété, il restreignit sa nourriture à douze onces d'alimens solides et à quatorze onces de vin par jour. Surpris alors lui-même de l'amélioration qu'il éprouvait, il continua ce régime sévère dont il ne se départit jamais, et sa santé fut bientôt entièrement rétablie.

Non content d'avoir réglé la dose de ses alimens, il étudia et choisit ceux que son estomac digérait le plus facilement. Il parvint également à changer totalement son caractère. Naturellement haineux et colère, il combattit ces défauts d'éducation avec tant de succès qu'il devint un modèle de patience et d'aménité. Libre alors des souffrances qui avaient tourmenté son âge mûr, il parvint gaiement à une existence séculaire.

De Longeville, d'après le président de Thou, fait mourir Cornaro à 104 ans, et ajoute que son épouse n'était guère moins âgée. (Pag. 190.)

En novembre 1758, Vernier, d'origine française, sommelier du roi de Naples, meurt en cette ville à l'âge de 100 ans.

Il avait été au service de Louis XIV, qui le fit mettre ensuite sur l'état de la maison du duc de Bourgogne, père de Louis XV. Il passa en Espagne à la suite de Philippe V, lorsque ce prince alla prendre possession de ce royaume. Enfin Vernier vint à Naples pour être employé dans la maison de don Carlos, lorsque celui-ci monta sur le trône des Deux-Siciles. (*Gazette de France*, p. 624.)

En 1567, Fidèle Cassandre, savante vénitienne, meurt à 102 ans. Elle s'appliqua avec succès à l'étude des langues grecque et latine, à l'histoire, à la philosophie et à la théologie.

Jules II, Léon X, François Ier et Ferdinand d'Aragon, lui donnèrent des preuves de leur estime ; plusieurs même allèrent la voir à Venise comme l'honneur de son siècle.

Elle soutint à Padoue des thèses de philosophie pour un chanoine de Concordia, son parent. Thomassin a publié le recueil de ses lettres et de ses discours. (L'abbé Saas.)

L'an 62 avant J.-C., Terentia, femme du célèbre orateur Cicéron, meurt à 103 ans.

L'an 117 de J.-C., Cocania Musa, de Cornelia, meurt aussi âgée de 103 ans. (Phlégon.)

Hippocrate. Que dire du père de la médecine qui n'ait été dit ou répété par les historiens, les biographes et les hommes livrés à l'étude ou à la pratique de la matière médicale? Aussi je serai bref :

Né 460 ans avant l'ère vulgaire, dans l'île de Coos, illustrée par la grande célébrité de ce citoyen, Hippocrate, issu d'une famille de médecins, et destiné lui-même à la médecine, qui était alors une espèce de sacerdoce, reçut une éducation très soignée. Il se prépara longuement à l'exercice de l'art de guérir, non-seulement par l'étude théorique de la médecine, mais par celles de toutes les connaissances cultivées à cette époque. Il voyagea ensuite pendant plusieurs années dans la Macédoine, la Thrace, la Thessalie, la Lybie et la Scythie.

Parvenu à l'apogée du talent, les souverains cherchèrent à l'envi à l'attirer dans leurs états. On connaît la réponse qu'il fit à Artaxercès, roi de Perse, dont le royaume était en proie aux horreurs de la peste : « J'ai dans mon pays la nourriture, le vêtement et le couvert; je n'ai donc besoin de rien. Comme Grec, il serait indigne de moi d'aspirer aux richesses et aux honneurs des Barbares, et je n'irai point servir les ennemis de ma patrie et de la liberté. »

Ce beau trait de la vie d'Hippocrate a été consacré par la peinture et reproduit par la gravure.

Les Athéniens, reconnaissans des services qu'il leur avait rendus, lui décernèrent une couronne et lui accordèrent le droit de bourgeoisie. Les Argiens lui érigèrent une statue d'or, etc.

Les nombreux ouvrages d'Hippocrate furent apportés de l'Orient, à l'époque du renversement de l'empire de Constantin. Ce grand homme s'est peint dans ses écrits. Rien de si touchant que la candeur avec laquelle il rend compte de ses malheurs et de ses fautes. Enfin, après avoir pratiqué avec tant de succès l'art de guérir, Hippocrate mourut âgé de 104 ans, l'an 356 avant J.-C., laissant un nom vénéré, des ouvrages immortels et une mémoire à jamais impérissables.

Vingt siècles plus tard, Ivervex, médecin suédois, né en 1664, meurt en 1768, âgé également de 104 ans; rapprochement bizarre entre le père de la médecine, et l'inventeur obscur de la composition pharmaceutique connue sous le nom d'Elixir de longue vie.

L'an 280 avant J.-C., Théophraste, philosophe, meurt à l'âge de 107 ans.

Il naquit à Erèse, ville maritime de l'île de Lesbos. Son père, nommé Mélanthe, le consacra aux Muses et lui donna pour maître Alcippe, de la même ville que lui.

Aristote, qui l'avait surnommé Théophraste, c'est-à-dire parlant divinement, lui confia le dépôt de ses écrits. C'est par ses soins qu'ils ont été conservés et nous sont parvenus. Aucun ancien, peut-être, n'a autant écrit que lui. Il avait composé plus de deux cents traités sur toutes sortes de sujets. (*Galerie des hommes les plus célèbres de tous les siècles.*)

On raconte que, dans son extrême vieillesse, ne pouvant aller à pied, il se faisait porter en litière par la ville, où il était ainsi vu du peuple, à qui il était cher.

On dit aussi que ses disciples qui entouraient son lit de mort lui ayant demandé s'il n'avait rien à leur recommander, ce philosophe leur tint le discours suivant : « La vie nous séduit, elle nous pro-
« met de grands plaisirs dans la possession de la
« gloire; mais à peine commence-t-on à vivre qu'il
« faut mourir. Il n'y a souvent rien de plus stérile
« que l'amour de la réputation. Cependant, consul-
« tez-vous : si vous négligez l'estime des hommes,
« vous vous épargnerez à vous-mêmes de grands
« travaux; s'ils ne rebutent pas votre courage il
« peut arriver que la gloire soit votre récompense.
« Souvenez-vous seulement qu'il y a dans la vie
« beaucoup de choses inutiles, et qu'il y en a peu
« qui mènent à une fin solide. Ce n'est pas à moi à
« délibérer sur le parti que je dois prendre; il n'est
« plus temps. Pour vous, qui avez à me suivre, vous
« ne sauriez peser trop mûrement ce que vous
« devez faire. » Et ce furent là ses dernières paroles.

Cicéron, dans le troisième livre de ses *Tusculanes* (chap. 28), dit que Théophraste mourant se plaignit de ce que la nature avait accordé aux cerfs et aux corneilles une vie si longue et si inutile, tandis qu'elle n'avait donné à l'homme qu'une vie souvent très courte, etc.

Il avait coutume de dire qu'il ne faut pas aimer ses amis pour les éprouver, mais les éprouver pour les aimer; que les amis doivent être communs entre les frères, comme tout est commun entre les amis; que l'on devait plutôt se fier à un cheval sans frein qu'à l'homme qui parle sans jugement; que la plus forte dépense que l'on puisse faire est celle du temps, etc. (Diogène de Laërce, *Vie de Théophraste*, liv. 5.)

Hiéronyme, historien, après avoir soutenu pendant longtemps les fatigues de la guerre sous Antigonus-le-Borgne, roi de Macédoine, et avoir reçu plusieurs blessures dans les combats, meurt, 36 ans avant l'ère vulgaire, à l'âge de 104 ans, selon Agatharchides, livre IX de son *Histoire d'Asie*.

Galeria Copiola, surnommé Emboloria, à cause de sa profession de comédienne, reparaît sur la scène à l'âge de 104 ans, l'an 742 de Rome, 9 ans avant l'ère chrétienne, sous le consulat de C. Poppœus et de Q. Sulpicius, à l'occasion des jeux célébrés pour la conservation d'Auguste.

Elle était montée pour la première fois sur le théâtre à l'âge de 14 ans. (Pline, *lib. 7, cap.* 48.)

L'an 117 de J.-C., Cottinus Chrysantius, affranchi de Faënza ; Lullius Tionéus ; S. Névius de Parme, Pomonius Severus de Thiano et P. Quisentius-Sphyris de Bologne, meurent âgés de 105 ans. (Phlégon.)

Le 11 novembre 1639, le P. Thadeo da Toco, de l'ordre des mineurs observantins de Saint-François, du couvent de l'Aquila, dans les Abruzzes, meurt à Rome, au couvent d'Ara-Cœli, à l'âge de 106 ans, après en avoir passé 90 dans les ordres, temps pendant lequel il avait couché sur la terre. (*Gazette de France*, 1639.)

En décembre 1769, Anne-Marie Zavolie, de Saint-André en Toscane, y meurt âgée de 105 ans. (*Id.* du 12 janv. 1770.)

Le 12 juillet 1771, Paul Barral, d'origine française, meurt à Nice en Italie, à l'âge de 106 ans.

Il avait joui d'une parfaite santé jusqu'au dernier moment. Il vivait uniquement de légumes et de fruits. (*Gazette d'Amsterdam*, 30 août 1771.)

L'an 107 de J.-C., Pompusius-Montianus meurt âgé de 107 ans. (Phlégon. *De mirabilibus.*)

Le 25 octobre 1770, le duc de Carovita, conseiller honoraire à la chambre de Sainte-Claire, meurt à Naples dans la 107ᵉ année de son âge.

Il avait parcouru tous les degrés de la judicature et ne cessa d'exercer les fonctions de magistrat, que peu d'années avant son décès. (Lottin, tom. 1, pag. 17.)

Quatre siècles avant l'ère vulgaire, Gorgias de Léonti, en Sicile, rhéteur et orateur grec, précepteur d'Isocrate et de plusieurs autres philosophes, se trouvant âgé de 107 ans, répondit à ceux qui lui demandaient pourquoi il tenait à rester si long-temps sur la terre : « C'est parce que je n'ai aucun « sujet de me plaindre de la vieillesse.»

Ce philosophe avait passé, sans incommodités, le premier siècle de sa vie; il en recommença un second et mourut sans que l'existence lui eut jamais été lourde. On lui érigea à Delphes une statue d'or. (Val. Max., *lib.* 8, *cap.* 13, *p.* 8.)

D'après Lucien il mourut également à 108 ans, et dit à ceux qui le questionnaient sur la manière dont il était parvenu à un âge aussi avancé : « C'est « en vivant chez moi, sans fréquenter les bonnes « tables. »

Isocrate fit, à l'âge de 96 ans, le panégyrique si célèbre de ce philosophe. (Pline, *lib.* 7, n° 49.)

Le P. Valeschi (Marie), meurt en 1767 dans son couvent de Pantano, près Florence, à l'âge de 108 ans, après en avoir passé 70 en qualité de prieur.

La sobriété, dont il donnait l'exemple à ses reli-ligieux, l'a conduit sans incommodités à ce grand âge. Seulement, dans les dernières années, il bu-vait tous les matins un peu de vin. (*Courrier d'A-vignon*, 25 décembre 1767.)

Démocrite, né à Abdère, en Thrace, 471 ans avant J.-C., reçut en partage les avantages de la fortune et la passion de l'étude ; ses richesses ne servirent qu'à satisfaire son amour pour les scien-ces. Il voyagea dans tous les pays célèbres par leurs lumières ou par leur réputation ; il étudia la nature et consulta les hommes, il recueillit quelques vérités et beaucoup d'erreurs. Il était parti riche, et revint pauvre dans sa patrie. Condamné par le sénat comme dissipateur, il lut un de ses ouvrages et prouva l'utile emploi de son temps et de ses trésors. La munificence publique lui tint compte de ce qu'il avait perdu d'une manière si fructueuse.

Ce philosophe qui, pendant sa longue carrière, poursuivit le genre humain de ses sarcasmes, mourut à 109 ans, l'an 362 avant l'ère vulgaire.

Lors du dénombrement ordonné par Vespasien et Titus, l'an 74 de J.-C., on trouva six personnes âgées de 110 ans. (Pline, *lib.* 7, *cap.* 49.)

Magdeleine Rostori, meurt, en 1770, à Emploi, village du grand-duché de Toscane, à l'âge de 110 ans. Elle avait passé toute sa vie dans l'indigence avec un tempérament faible et de fréquentes maladies. (*Messager boiteux.*)

L'an 117, T. Purennius Tutus, de Cornelia, est trouvé âgé de 111 ans ; et Petri, de la même ville, meurt à 114. (Phlégon.)

François Secardi Hongo, surnommé Huppazzoli, meurt à Smyrne en Grèce, le 7 janvier 1702, à l'âge de 114 ans, 10 mois et 12 jours, étant né, le 15 mars 1587, à Cazal dans le Montferrat, sous le pontificat de Sixte V.

Il entra dans les ordres sous Paul V, et les quitta pour épouser, à Scio, dans l'Archipel, la fille du seigneur Jean Capra.

Jamais il n'eut de maladie, sans doute pour avoir suivi avec exactitude le régime qu'il s'était imposé. Sa vue, son ouïe, sa mémoire et son agilité étaient surprenantes. Il faisait, à pied, jusqu'à quatre lieues par jour.

A 100 ans, ses cheveux blancs redevinrent noirs; ce changement se fit également remarquer vers 112 ans à ses sourcils et à sa barbe; mais ce qui est plus extraordinaire encore, c'est que toutes ses dents étant tombées à 110 ans, il lui en perça deux grosses à la mâchoire supérieure, un an avant son décès.

Il usait d'eau de scorsonère pour toute boisson, sans prendre jamais ni vin ni liqueur d'aucune espèce. Il vivait de potage, de gibier rôti et de fruits qu'il prenait avec du pain. Il ne mangeait jamais hors de chez lui, afin de ne pas interrompre son régime de vie.

Il remplissait les fonctions de consul vénitien à Smyrne. Digne émule des satrapes d'Asie, il avait un sérail, laissa 49 enfans d'une multitude de femmes et mourut de la gravelle (de Longeville). (*Le Conservateur*, 1758, pag. 172-180.)

Le voyageur Tournefort rapporte qu'il vit à Athènes un vieux consul âgé de 118 ans.

En l'an 434, Acace, évêque de Bérée en Syrie, auteur ecclésiastique, meurt âgé de 115 ans, étant né en 319.

Il défendit la foi à Rome en 377, fut sacré évêque en 379, assista à divers conciles, notamment à celui de Constantinople en 381. On a de lui des lettres à saint Epiphane, à saint Cyrille, à Alexandre de Hiéraple et à Atticus de Constantinople. (Ceillier. *Histoire des auteurs ecclésiastiques*, tom. 13, pag. 207.)

Dans le 14e siècle, Ludovico Monaldesco, natif d'Orviette, ville de l'état de l'Église, écrivit, à l'âge de 115 ans, des Mémoires dans lesquels il dit qu'il se ressouvient très bien « de cette entrée de l'em- « pereur Louis de Bavière (à Rome, en 1328). Le « peuple chantait, dit-il, vive Dieu et l'empereur ! « nous sommes délivrés de la guerre, de la famine « et du pape !»

Ce trait ne vaut la peine d'être cité que parce qu'il est d'un homme qui écrivait à l'âge 115 ans. (Voltaire, tom. 16, p. 267, Lequien 1820. — Lantier. *Voyages d'Anténor*, tom. 3, pag. 369 ; édit. de l'an 6.)

Le 8 février 1680, Jean Rica, agent de change, meurt à Venise à l'âge de 116 ans.

La maladie qui termina ses jours fut courte et la seule qu'il ait jamais eue. On le voyait habituellement se promener sur la place Saint-Marc, marchant sans bâton, lisant sans lunettes.

Il était né en 1564, à Maroc, d'où il fut conduit fort jeune à Cadix, et il vint ensuite à Venise, où il exerça sa profession jusqu'à son décès.

Il avait une grande confiance dans la vertu de l'écorce de citron et en mâchait continuellement. (*Aff. de Prov.*, pag. 48.)

Le 16 février 1763, Jean-Antoine Bondini, docteur en médecine, meurt, âgé de 117 ans, à Carquetto, en Italie, après avoir exercé son art pendant 95 ans.

Sa mémoire était la plus heureuse du monde. Jusqu'à son dernier jour il conserva la jouissance de ses facultés physiques.

Marié deux fois, il eut cinq enfans de sa première femme et deux de la seconde.

Il vivait de viande assaisonnée de sel, et de fruits. On a remarqué, sans pouvoir en expliquer le motif, qu'il ne sortait jamais de chez lui pendant le mois de mars. (*Gazette de Hambourg*, 1763, art. de Naples, n° 325.)

Julia Modestina, native de Corsiolis, affranchie d'un capitaine de légion, vivait du temps de Phlégon, dans la ville de Brescia, où elle mourut à l'âge de 120 ans, l'an 117 de l'ère vulgaire. (Phlégon, *De Mirabilibus et longævis.*)

Dragonetti (Gaspardo), meurt, en 1626, à l'âge de 120 ans. Encore frais et robuste à 100 ans, il avait conservé toutes ses dents, lisait sans lunettes et donnait journellement ses leçons dans l'un des colléges de Rome, ville où il mourut. (Pietro della Valle, tom. 4 de ses *Relations.*)

Lors du dénombrement ordonné par Titus, on trouva sept personnes âgées de 120 ans : deux de 125, six de 130 et une de 132 ans.

Faustus, esclave de César, âgé de 136 ans. Phlégon affirme l'avoir vu présenté à cet âge à l'empereur Adrien.

Le célèbre chanteur Galvini, mort à Rome à l'âge de 138 ans, en 1825, et dont le fils, décédé récemment dans la même ville, a atteint 113 ans. (*Moniteur*, avril 1841.)

En 1827, quatre centenaires meurent à Palerme. Le plus âgé avait 104 ans. (Cacciopo.)

En 1836, il est décédé, dans le royaume de Naples, 37 centenaires, dont treize hommes et vingt-quatre femmes.

En 1837, 16 seulement, dont deux hommes et quatorze femmes.

En 1840, la dame Giabli meurt en cette ville, à 103 ans. (*Journal des Deux-Siciles.*)

Enfin, en janvier 1841, meurt, à Rome, à l'âge de 100 ans, le doyen Virgile Pescetelli, promoteur de la foi dans la congrégation des rites sacrés.

Il était le plus ancien prélat de l'Eglise.

ALLEMAGNE.

Indépendamment des centenaires allemands qui figurent dans la seconde partie, comme ayant atteint ou dépassé l'âge phénoménal de 120 ans, voici des exemples de longévité pris en masse et observés en Allemagne pendant le 18e siècle.

Le jeudi, 29 mars 1714, la cérémonie du lavement des pieds fut faite à Vienne par l'empereur Charles VI et les trois impératrices, à 48 personnes, ayant ensemble 3,695 ans. Cette cérémonie eut lieu ainsi qu'il suit :

L'empereur lava les pieds à 12 vieillards âgés de 976 ans ;

L'impératrice régnante fit la même opération à 12 femmes ayant 833 ans;

L'impératrice-mère à 12 autres femmes âgées de 916 ans;

Et l'impératrice Amélie à douze autres encore, dont les âges réunis formaient 970 ans. (*Mercure de France*, 1770, tom. 2, pag. 180, 1770.)

Rudbech, professeur de l'université d'Upsal, dit, dans son *Atlantica*, que, «d'après les extraits mortuaires qui lui furent envoyés par son frère, évêque d'Arrosen et de Westeras, concernant seulement les 73 premières années du 18e siècle, il s'était trouvé, dans douze paroisses de ce diocèse, 232 individus, dont plusieurs avaient 140 et le plus jeune 100 ans, et que deux y étaient parvenus, l'un à 156 et l'autre à 160 ans; que, dans ces mêmes paroisses, il y avait plus de 800 personnes âgées de 70 à 80 ans; et qu'il n'était d'ailleurs pas rare de voir en Suède des gens âgés de 100 ans et au-delà.»

En effet, les tables de mortalité dressées dans cette contrée pendant les années 1754, 1755 et 1756 seulement, présentent 164 personnes mortes centenaires. (De Parcieux, pag. 25.)

Haller, qui a publié, en 1793, un *Traité* sur l'art de prolonger la vie humaine, comptait alors 1,000 cas de longévité de 100 à 110 ans, 60 de 110 à 120, 29 de 120 à 130, 15 de 130 à 140, 6 de 140 à 150 et 1 de 169 ans.

Enfin, voici des faits récens et relatifs à des existences séculaires :

Un vieillard, âgé de 107 ans, est venu à pied, de Leipsick à Breslaw, en Silésie, pour voir le roi de Prusse pendant son séjour en cette ville. (*Gazette universelle de Leipsick*, septembre 1841.)

Il existe en ce moment à Liége une femme qui a atteint récemment sa 100ᵉ année, et qui présente l'état le plus satisfaisant sous le rapport de l'intelligence et de la santé. Cette personne se nomme Marie-Elisabeth Ponsart, veuve Renkin, née à Liége, le 28 janvier 1742, et demeurant faubourg Saint-Gilles, nº 396. (*Moniteur universel.*)

On a vu dans la seconde partie que le doyen des centenaires allemands, Hans Hertz, d'Ildgausen, en Silésie, comptait 142 ans, en décembre 1839. Or, comme rien n'annonce qu'il soit décédé depuis cette époque, il entre maintenant dans sa 145ᵉ année.

ANGLETERRE.

Un quart environ des centenaires qui figurent dans la seconde partie, appartient à l'Angleterre. Voici, en outre une nomenclature de quelques autres, à partir de l'âge de 130 ans, et qui ne s'y trouvent pas compris, attendu que je n'ai pu me procurer, sur ces macrobies, des renseignemens plus circonstanciés. On remarquera, d'ailleurs, qu'ils sont presque tous décédés dans les cinquante dernières années du 18ᵉ siècle.

King (Georges)............mort en 1766 à 130 ans.
Garden (Péters).................... 1775 à 131

Merchant (Elir)............ meurt en 1761 à 133 ans.
Brookey (John)..................... 1777 à 134
Harhisson (Jane).................. 1754 à 135
Forster (Margant)................. 1771 à 136
Morriat (John)..................... 1772 à 137
Robertson (John)................... 1793 à 137
Sharpley (William)................ 1757 à 138
Donough (John)..................... 1768 à 138
Fairbrother (John)................ 1770 à 138
Clum (Miss)....................... 1772 à 138
Dobsonn (Thomas).................. 1766 à 139
Laland (William).................. 1752 à 140
Sands (James)..................... 1770 à 142
Findley (Charles)................. 1772 à 144
Bowles (James).................... 1656 à 152
Damne (Thomas).................... 1748 à 154
Edwards (William)................. 1668 à 168
Truxo (Louisa).................... 1782 à 180

On sait, au surplus, que, dans le siècle dernier, huit personnes dans la Grande-Bretagne ont atteint l'âge de 130 ans ; deux sont parvenues à 131, une à 133, sept à 134, une à 135, quatre à 136, deux à 137, quatre à 138, trois à 140, une à 142, une à 144, une à 145, deux à 146, une à 148, une à 150, quatre à 153, une à 157, une à 159, une à 160, une à 168, une à 169, une à 175 et une à 180 ans. (Voir la *Revue britannique.*)

En 1806, on comptait 157 centenaires dans le seul hospice royal de Greenwich.

Vers la même époque, on trouva en Irlande, quarante-un individus de 95 à 104 ans, sur une population donnée de 47,000 âmes.

On compte ordinairement en Angleterre un centenaire sur 3,100 individus. (Edimbourg, *Philosophical-Journal*, décembre 1840.)

Enfin, les documens transmis par les sociétés savantes de Londres à la société française de statistique universelle, et relatifs à la longévité, pendant les quarante premières années du siècle actuel, sont tellement nombreux que j'ai dû, à mon grand regret, renoncer à faire usage de ces riches matériaux.

RUSSIE.

Les sciences exactes ont, depuis 30 ans, fait de notables progrès en Russie : la statistique, entre autres, y est cultivée avec succès. Les tables de mortalité sont dressées avec le plus grand soin, et le gouvernement de cet immense empire peut se rendre un compte exact du mouvement de la population.

On apprendra donc sans surprise, mais peut-être avec quelque étonnement, que, sous le ciel rigoureux de ces contrées glacées, là où le thermomètre descend au-dessous du point de congélation, c'est-à-dire à 35° centigrades, les centenaires se trouvent en grand nombre. On en jugera par les relevés succincts que voici :

En 1814, sur 891,652 morts, on compta 3,631 individus de 100 à 132 ans, ou un centenaire sur 245 individus.

Le tableau des décès des hommes seulement,

publié en 1827 par le saint-synode, présente 943 centenaires, savoir : 878 de l'âge de 100 à 110 ans, 33 au-dessus de 115 ans, 24 au-dessus de 120 ans, 7 au-dessus de 125 ans, et 1 au-dessus de 160 ans.

En 1835, la proportion a été moins forte : il n'a été constaté que 416 centenaires. L'individu le plus âgé est décédé dans le diocèse de Pskoff; il avait dépassé 135 ans.

Probablement l'état qui m'a été communiqué ne comprenait pas toutes les Russies; car la différence entre les années précédentes et celle qui suit est trop grande. Peut-être ne concernait-il que les gouvernemens du centre.

Il résulte, en effet, d'un état du mouvement de la population de l'empire russe, non compris les pays caucasiens, état publié par les soins du ministre de l'intérieur, d'après les élémens que lui ont transmis les ministres des différens cultes, qu'il est décédé en Russie, pendant l'année 1838, 1,238 centenaires, savoir :

858 âgés de 100 à 105 ans, 125, de 110 à 115; 130, de 116 à 120; 111, de 121 à 125; 3, de 126 à 130; 5, de 131 à 140; 1 de 145; 3, de 150 à 155; 1 de 160, et 1 de 165 ans.

D'après un tableau dressé par le consistoire ecclésiastique de Moscou, relatif au mouvement de la population de cette capitale en 1840, il y est décédé 7 centenaires, dont 5 femmes et 2 hommes : l'une des premières avait atteint l'âge de 110 ans,

11.

et l'un des derniers, ainsi qu'une femme, celui de 108 ans.

Enfin, le lecteur n'a sans doute pas oublié que j'ai signalé, dans la seconde partie, la veuve d'un marchand peaussier, existant dans cette ville, et ayant atteint sa 157ᵉ année.

Ainsi, depuis 28 ans, 1835 est l'année où les centenaires ont été le moins nombreux en Russie. Eh bien ! que l'on compare le chiffre 416 qu'offre cette seule année avec le nombre de ceux recueillis péniblement sur le chemin de vingt-trois siècles, en Espagne, en Grèce et en Italie, et la question du climat sera résolue.

FRANCE.

La France a été plus spécialement l'objet de mes recherches. Je suis parvenu, non sans peine, à réunir des documens nombreux et complets sur plusieurs points. Ils vont passer successivement sous les yeux du lecteur.

Voici d'abord quelques exemples de longévité observés dans le 18ᵉ siècle, et rapportés par de Longeville Harcouet, et autres.

Le 19 novembre 1702 mourut, au village de Vendeuille en Lorraine, Matthieu Littard, dit La Ronce, âgé de 118 ans. Il avait servi dans la dernière guerre d'Italie, sous le règne de Henri IV.

Madame la marquise de Luxembourg décéda à l'âge de 101 ans.

M. le maréchal d'Estrées a passé 100 ans.

Catherine de La Croix en Lyonnais mourut, au mois d'octobre 1708, à 113 ans.

Le 16 janvier 1709, Jeanne Carrière, près Langres, décéda âgée de 116 ans.

Augustin Galand, de Savignac en Auvergne, meurt, le 15 avril 1709, à 115 ans.

Le curé de Sassetot, pays de Caux, le 27 juillet même année, à 116 ans.

Nicolas de Bezanes, le 21 août, à 106 ans.

La femme de M. Sagonne, notaire à Margaux, dans le Médoc, le 3 octobre suivant, à 116 ans.

Anna Mama, le 30 du même mois, à Paris, chez madame la présidente de Bretonvilliers, à 102 ans.

Claude Baranger, près Issoudun, le 28 novembre, à 107 ans.

Jean Mansard, près Dun-le-Roi en Berry, cessa de vivre, le 3 janvier 1710, à l'âge de 110 ans, ayant conservé jusqu'à la fin son jugement et son bon sens, Il avait épousé dix femmes. Celle qui lui a survécu avait 18 ans lorsque Mansard la prit ; elle lui donna un garçon deux ans après ce dernier mariage, qu'il contracta étant âgé de 99 ans.

Le sieur La Roque, avocat à Agen, mourut à 111 ans, le 6 du même mois.

Michel de Gourgues, seigneur de La Buge, le 8, à 105 ans et 8 mois, dans la ville de Xaintes. Six jours avant, il avait été à la chasse.

Guillaume Delabat, le 8 février, à La Flèche, à 111 ans.

Le sieur Castra, avocat à Bordeaux, le 22 du même mois, à 111 ans 10 mois et 10 jours.

Michel Fortin, de Vimoutier en Normandie, le 17 avril, à 116 ans et 4 mois.

Louis Amiot, de Geay, près Charante en Aunis, le 7 octobre, à 107 ans et 3 mois. Il avait eu six femmes et cherchait la septième : il avait vu la cinquième génération.

Jean Guichard, de Saint-Aulaye, le 8 du même mois, à 108 ans.

Catherine Petiglau, de Grez, près Beauvais, y mourut fille, le 10 du même mois, à 113 ans. Elle était née à l'époque où Henri IV assiégeait la ville d'Amiens, surprise par les Espagnols.

Rachel du Bichois, le 12 suivant, cessa de vivre, dans la ville de La Rochelle, à 107 ans 3 mois et 8 jours : elle avait été vingt-deux fois mère. Louis XIII avait mangé deux fois à sa table, dans une maison de plaisance qu'elle possédait à deux lieues de cette ville, et où elle s'était retirée lors du siége.

La veuve Favéja, à Carman, diocèse de Toulouse, le 3 décembre, à 113 ans. Elle n'avait jamais usé de remèdes.

Benoist Chaumont, de Saint-Bonnet en Auvergne, meurt, le 9 janvier 1711, à 110 ans 2 mois et 5 jours.

Henri Le Boucher, de la ville de Caen, seigneur de Verdun, le 18 février, à 115 ans : il n'avait jamais été malade. — Son père avait vécu 108 ans, et Henri possédait un fils âgé alors de 73 ans.

Lucrèce Jovin, du diocèse d'Autun, mourut, le 21 avril suivant, à 108 ans. Elle avait toujours lu et écrit sans conserves.

Guillaume Crevin, doyen des avocats de Pont-l'Evêque, le 6 mai, à 107 ans.

La dame de Couserans, près Torniac, diocèse de Cahors, meurt, au mois d'août, dans son château de Cosoul, à l'âge de 111 ans. La veille de son décès, elle avait fait, avec mémoire et bon sens, une confession depuis l'âge de 5 ans.

Jacques Thévenot, laboureur à Château-Vilain, en Champagne, le 11 septembre, à 114 ans. Le mois précédent, il avait fauché ses prés : trois différentes épouses lui avaient donné trente-neuf enfans.

Le chevalier Bulstrade, à Saint-Germain-en-Laye, près Paris, décéda, le 3 octobre, à 105 ans. Il laissait dix-sept enfans : l'aîné avait 72 ans, et le dernier 14 seulement.

Le 25 mars 1712, Angélique Boursaut, de Vientais, fondatrice et supérieure des religieuses de Beaulieu, près Loches, en Touraine, meurt à l'âge de 112 ans.

Alain des Croches, curé de Saint-Pierre-de-la-Rivière, diocèse de Lisieux, meurt, en décembre suivant, à l'âge de 113 ans. Il était curé depuis 81 ans, et célébrait encore la messe l'année de son décès.

En janvier 1713, Jean de La Touche, laboureur, meurt, à Sainte-Anne , comté de Mortain, diocèse d'Avranche, dans la 110e année de son âge. Il finit subitement à table.

Le 27 mars, M. Archambault meurt, au château de La Palisse, en Bourbonnais, dans la 105e année de son âge (104 ans 8 mois 28 jours) , étant né le 25 juin 1608. Il mourut sans maladie , sans fièvre ni douleur : une défaillance le prit comme il s'habillait, et il passa.

Le 7 avril, Jacques Bredin , couvreur , meurt, à Vendôme, à l'âge de 110 ans. Il avait porté les armes au siége de La Rochelle, en 1628. Il exerça sa profession et conserva son bon sens jusqu'à sa mort.

En juillet, Larcher, jardinier de la paroisse Saint-Hippolyte, faubourg Saint-Marcel, à Paris, épouse, à l'âge de 103 ans, une femme qui en avait 76. Ainsi ces deux vieillards réunissaient 179 ans.

Le 3 août, Jean de Hagerman, chasseur de M. le vicomte d'Orthe , meurt à Peirehoharde, à neuf lieues de Bayonne, âgé de 105 ans et ayant exercé son emploi jusqu'à son décès.

Le 12 du même mois décède la demoiselle Jeanne Boot, au village de Peunetier, près Trémolat, en Périgord, à l'âge de 108 ans.

A 90 ans, une fièvre fit tomber ses cheveux blancs, qui repoussèrent noirs , et redevinrent blancs à 100 ans. Peu après ils tombèrent et reparurent encore noirs.

Et le 20, Charles Bahut, armurier à Boulogne-sur-Mer, décède à l'âge de 104 ans. Six jours avant son décès, il travaillait encore. Sa veuve comptait 90 ans.

En octobre, Pierre Bretin meurt, au village des Hautes-Landes, près Vertou, dans la 103ᵉ année de son âge (102 ans 3 mois).

Huit jours avant son décès il travaillait. Il était doué d'une grande force musculaire, portait des fardeaux considérables et allait souvent à pied à la messe à Vertou, éloigné d'une lieue de son village.

En novembre, Baile, jardinier de M. le duc d'Epernon, pour qui il planta les avenues du château de Cadillac, meurt à Lignan, près de Bordeaux, à l'âge de 104 ans. Il avait eu sept femmes.

Jean Guillot, de la ville de Dun-sur-Meuse, diocèse de Reims, termine sa vie, le 8 décembre suivant, à 109 ans; il n'avait aucun cheveu blanc, et ne s'était jamais servi de remèdes ni de lunettes.

Jean Juvin, manœuvre de Brieule, près Dun, l'avait précédé de peu de jours, à 114 ans.

En janvier 1714, Charles Pasquot, major des bourgeois de Joinville, y meurt à l'âge de 111 ans; peu de temps avant il avait disputé le prix avec les chevaliers de l'arquebuse.

Fremine Rambaut, demeurant rue des Fossés-Saint-Victor, à Paris, y décède, le 8 mars suivant, à 105 ans 6 mois et 8 jours; depuis 15 ans elle allait tous les jours à pied entendre la messe à Sainte-Geneviève-du-Mont. Elle était pensionnée par le duc de Berri.

Antoine Capual, manœuvre, meurt en septembre, à Mainières, près Neufchâtel, en Normandie, étant âgé de 112 ans.

Louis Jouhan, laboureur à Belleville, pays de Caux, décède, le 18 du même mois, à 108 ans et demi, ayant conduit sa charrue la veille de sa mort.

Et Jacques Deferrere, au diocèse d'Aire, meurt, le 2 novembre, à l'âge de 110 ans.

Le 28 novembre 1714, Jacques Blavet, de Sentilly, diocèse de Séez, en Normandie, meurt âgé de 112 ans moins 17 jours, ayant encore toutes ses dents et n'éprouvant aucune incommodité vingt-quatre heures avant son décès.

Le 15 avril 1715, Jeanne Prevost, veuve de Charles Qualin, et femme de charge du marquis de Boulinvillier, qu'elle avait servi pendant 87 ans, meurt, au château de Boulinvillier, dans la 104ᵉ année de son âge.

Le 28 décembre 1714, Isabeau du Souchet meurt, dans la paroisse de Puymangou, en Angoumois, dans la 106ᵉ année de son âge, étant née le 15 avril 1609. Elle avait vu Henri IV sur le trône, tout le règne de Louis XIII et de Louis XIV, à neuf mois près.

En janvier 1715, François Le Baupin, apothicaire, demeurant à Châteaubriant, y meurt âgé de

107 ans. Il avait été marié deux fois ; il contracta son second mariage à 80 ans. De ses deux épouses il eut 32 enfans, 16 de la première et autant de la seconde. Il avait 103 ans lorsque sa seconde femme accoucha de deux garçons. Il eut toujours une santé parfaite et vigoureuse, et ce ne fut que six mois avant son décès que ses forces commencèrent à diminuer, mais non aux dépens de son esprit, qu'il conserva sain et entier jusqu'à son dernier soupir. (Lott., 1764, pag. 47.)

Le 23 mars 1715, Jean Filleul, laboureur au village de Boisle, paroisse de Clos-la-Ferrière, diocèse d'Evreux, meurt âgé de 108 ans. Son père avait vécu 104 ans, son aïeul 113, et il laissa une fille de 80 ans.

Le 11 février 1715, Marin Chesnar, natif de la Normandie, meurt à Pontigny, ville du duché de Rohan, en Bretagne, à l'âge de 112 ans. Jamais il n'avait été malade.

Le 6 janvier 1715, Jean Estienne, jardinier, habitant la paroisse de Saint-Jean-de-Loudin, près La Tour-du-Pin, meurt, dans la 113e année de son âge, étant né en 1602. Il s'était marié à 18 ans. Trois jours avant son décès, il travaillait encore à son jardin.

Le 16 du même mois, Pierre Macquart, procureur fiscal au baillage d'Hauvilliers, diocèse de Reims, meurt âgé de 102 ans. Il exerçait encore sa charge quelques jours avant son décès. Jamais il n'avait eu de maladie, ni éprouvé aucune incommodité.

Le 24 septembre, Louis Godot, maître d'école du village de Plenival, près Breteuil, meurt dans la 108° année de son âge (107 ans 3 mois). Il n'avait jamais été malade et avait toutes ses dents. Il se rendait, une fois par semaine, au marché de Breteuil, à trois lieues de son village, et en revenait à pied.

La nomenclature suivante, comprenant 5o années, à partir de 1720, jusques et y compris 1770, a été extraite des journaux et mémoires du temps.

Plusieurs lecteurs pourront y trouver des personnes de leur famille.

En juin 1720, Santon de Monstron, officier des troupes de France, meurt, en Languedoc, à l'âge de 104 ans. (V., pag. 235.)

Le 20 avril 1723, Nicolas de Carvel, créé chevalier de Saint-Louis par Louis XV, meurt âgé de 111 ans et demi. Il avait 88 ans de commission de capitaine. (V., pag. 442.)

En mai 1726, Nicolas Carnal, natif de Maubert-Fontaine, meurt âgé de 105 ans. Il était capitaine depuis 1636. (V., pag. 453.)

Le 4 avril 1722, Charles Colbert, marquis de Croissy et frère aîné de Jean Colbert, ministre et secrétaire d'état, meurt dans la 104° année de son âge, étant né en 1618. Il obtint, en 1658, la place de premier président au conseil souverain d'Alsace; et, le 14 février 1662, il fut promu à l'une des quatre charges de président à mortier, au parlement de Metz. (*Tablettes de Thémis*, 2° partie, pag. 135.)

Le 25 décembre 1725, Aimée Follard meurt âgée de 105 ans, laissant une descendance de 130 individus. (V., pag. 306.)

En novembre 1726, Anne Corbeau, veuve d'Alpron, professeur de langue hébraïque à Paris, meurt à Loudun, en Poitou, à l'âge de 101 ans. (V., pag. 348.)

Le 30 janvier 1724, Jacques Poncy père, doyen des chirurgiens de Paris, y meurt dans la 102ᵉ année de son âge. Il fut inhumé dans l'église de Saint-Nicolas-des-Champs. Il était né, en 1623, à Sens, en Bourgogne. C'était un homme d'un caractère doux, quoique d'une probité sévère, et d'un commerce aimable. Il ne cessa d'exercer son art qu'à l'âge de 100 ans. Il se distingua surtout par son habileté à saigner. Plein d'amour pour sa profession, il enrichit sa corporation de sommes considérables, pendant les années de sa questure, quoique sa fortune fût assez bornée. Il dut sa longue existence à son tempérament robuste et à sa sobriété. (*Index funereus chirurgorum Parisiensis.*)

Le 22 janvier 1729, Jacques Bardon, cultivateur à La Neuville-Messire-Bernard, meurt à 105 ans. (V., pag. 235.)

En décembre 1730, Pesnel, laboureur de la paroisse de Saint-Philibert, près Lisieux, meurt âgé de 105 ans. (A. d. P., 1755.)

Le 18 octobre 1732, François-Annibal, comte de Béthune, ancien chef d'escadre, meurt, à Paris, âgé de 105 ans. (Verdun, pag. 457.)

En novembre 1733, Jean Péliot, après 78 ans de mariage avec Marguerite Sauvaget, meurt âgé de plus de 100 ans, n'ayant vécu que de coquillages; et sa femme décède dans le même mois, âgée comme lui de 100 ans. (Verdun, pag. 458.)

Le 10 mars 1734, Pierre Desmasis, sieur de La Varenne, ancien lieutenant-colonel du régiment de La Fère, infanterie, meurt au Mans, dans la 102e année de son âge (101 ans, 9 mois et 3 jours), étant né le 7 juin 1632.) (*Dictionnaire général*, par La Chesnaie des Bois, tom. 4.)

Le 25 juillet, Jean Princeteau, vigneron à Villejouge, diocèse de Bordeaux, meurt âgé de 102 ans et 2 mois. (V. pag. 240.)

En novembre, Théodorine de Chareisieu, religieuse de l'ordre réformé de Sainte-Claire, meurt à Lyon, âgée de 100 ans et 6 mois. (*Id.*, pag. 470.)

Le 27 juillet 1735, Anne Roton, veuve d'Alexandre Bernard, vitrier à Verdun, meurt, en cette ville, âgée de 102 ans . (V. pag. 320.)

Le 23 septembre, Martin Canaube, curé de Besplas, diocèse de Saint-Papoul, meurt âgé de 109 ans. (*Id.*, pag. 415.)

En décembre, Pierre Bonhomme du Pin, receveur des tailles de l'élection de Rivière-Verdun, meurt âgé de 109 ans et 3 mois. (*Id.*, pag. 459.)

Le 5 janvier 1736, Catherine du Pressoir, religieuse Annonciade de Melun, meurt, en ce monastère, à l'âge de 100 ans passés. (*Id.*, pag. 238.)

Le 12 mars, Marie-Louise Lemaire, veuve d'un

laboureur, meurt, à Enouville en Beauce, à l'âge de 101 ans. (*Id.*, pag. 348.)

Le 22 juillet 1737, Mathurin Meslet, laboureur, meurt, dans la paroisse d'Azé en Anjou, à l'âge de 102 ans, 8 mois et 3 jours, étant né le 18 décembre 1635. (*Id.*, pag. 321.)

Le 7 août, Marie-Louise d'Eu, veuve de Paul Le Bel, seigneur de Bussy, meurt, à Poitiers, à l'âge de 111 ans.

La coquetterie, innée chez la plupart des dames, l'avait portée à s'ensevelir dans un panier ; cet ajustement ridicule la fit tomber et cette chute causa sa mort. (*Id.*, pag. 321.)

En mars 1738, Charles du Parc de Loumare meurt, à Fauville en Normandie, âgé de 101 ans et 6 mois. (*Id.*, pag. 320.)

En août, Anne-Magdeleine Maillard, veuve de François-Osmond, seigneur du Mesnil Froger, meurt âgée de 102 ans. (*Id.*, pag. 479.)

En décembre, Thibault, chantre de paroisse, meurt à Amiens, âgé de 106 ans.

A l'âge de 104 ans il allait encore, sans bâton, à l'église où il chantait au lutrin sans le secours de lunettes. (Lottin, tom. 1, pag. 48.)

En mars 1739, Antoine Aiguebères, laboureur, meurt à Fronton en Languedoc, à l'âge de 100 ans accomplis. (Verdun, pag. 320.)

En avril, Marie Dayrain, veuve de M. de La Freuillage, meurt, à Brive-la-Gaillarde, âgée de 103 ans. (V. pag. 473.)

Le 1ᵉʳ juillet, Louis Joffrin, laboureur, meurt, à La Roche en Champagne, à l'âge de 105 ans. (**V.**, pag. 160.)

Le 19 décembre, André Pipard, prêtre irlandais, meurt, à Saint-Germain-en-Laye, âgé de 105 ans. (*Id.*, pag. 459.)

Le 27 février 1740, Jeanne de l'Epine, veuve de Chéroain dit Dauphiné, meurt, à Angoulême, dans la 105ᵉ année de son âge. (*Id.*, 397.)

En mars, Claude de la Tour de Saint-Paulet, ancien lieutenant d'artillerie, meurt, à Saint-Paulet, âgé de 100 ans accomplis. (*Id.*, 471.)

Le 3 octobre, Antoine Viguier, doyen des perruquiers de la ville de Toulouse, y meurt âgé de 106 ans. (*Gazette de France*, 1740, pag. 606.)

Le 10 octobre 1746, Hubert Le Fèvre, vigneron à Moucheville en Clermontois, y meurt à l'âge de 105 ans. (V. 1747, pag. 159.)

En novembre, Jeanne Chapelle, veuve d'Antoine Laine, cultivateur, meurt, au village de Rouvres, près Laferté-Milon, à l'âge de 104 ans, 4 mois et 7 jours. (*Id.*, pag. 160.)

Le 13 janvier 1747, M. Nazon de Vigé meurt à Lourdes, étant âgé de 118 ans. Il s'était marié à l'âge de 100 ans passés.

C'était un intrépide et infatigable chasseur, car il se livrait encore à cet exercice quelques jours avant son décès.

Il avait été capitaine des gardes du maréchal d'Albret. (E. M. 1748.)

En mars 1748, Paul Roque, secrétaire des maréchaux de France, meurt à Toulouse âgé de 108 ans. (V. pag. 476.)

En mai suivant, Anne-Marie Bridou meurt dans la 100ᵉ année de son âge, jouissant d'une action de 55,625 livres de rente sur la tontine, pour un capital primitif de 300 livres. (*Id.*, pag. 577.)

En août, Jeanne Duvivier-Rovoy, meurt à Bayeux, âgée de 105 ans. (*Id.*, pag. 320.)

Le 13 septembre 1749, Barthelemi Balezy, vigneron dans le pays du Forez, diocèse de Lyon, meurt à l'âge de 103 ans, 3 mois et 13 jours, étant né le 10 juillet 1646. (*Id.*, pag. 399.)

En septembre 1750, Charles-Achille de Montlouis, comte de Beaumanoir, descendant de la branche aînée de la maison de Montlouis, meurt en son château de Gatinois dans la 100ᵉ année de son âge (99 ans, 11 mois et quelques jours), étant né le 30 septembre 1650. (*Gazette de Fr.*, du 24 octobre 1750.)

En octobre, Raoul-Abraham Paon, laboureur, meurt à Cany dans le pays de Caux, âgé de 102 ans. (Verdun. pag. 238.)

Et Maupiley, notaire de Chissi en Brie, meurt âgé de 104 ans. (E. M. 1751.)

Le 23 mai 1751, Ambroise Jantet, laboureur, meurt à Verdun âgé de 111 ans, 3 mois et 7 jours, étant né le 26 juillet 1640. Il ne mangeait que du pain d'orge sans levain, et ne faisait usage que d'eau ou de petit lait pour boisson. (Verdun. pag. 80.)

Le 25 septembre, Anne Capelin de Béguy, meurt en Champagne, à l'âge de 102 ans. (V. pag. 74.)

Le 17 octobre, Frédéric Bazillac, laboureur près Mirande en Gascogne, meurt âgé de 103 ans, 7 mois et 20 jours. (V. 1752, pag. 76.)

Le 27 avril 1752, Jeanne du Clos meurt au village de Bocasse en Caux, à l'âge de 103 ans. (V. pag. 475.)

Le 12 juillet, Jean Poincenot, laboureur, natif du village de Savigny près Langres, y meurt âgé de 112 ans, 2 mois et 2 jours, étant né le 10 mai 1640.

Il n'avait jamais éprouvé aucune incommodité, et ne succomba que des suites d'une chute qu'il fit peu de temps avant son décès. (*Etrennes mignonnes,* 1753.)

Le 15 octobre, Pierre du Bures, laboureur de la paroisse de Buollade, diocèse d'Auch, meurt âgé de 114 ans. Trois jours avant son décès, il fit encore une partie de chasse. La fatigue résultant de ce violent exercice causa sa mort. (V. pag. 160.)

Le 7 février 1753, Catherine Testemalle, femme de Audet Plantinet, artisan à Bordeaux, meurt âgée de 104 ans. (V. 319.)

Le même mois, Marguerite Plantinet, sœur du précédent, meurt également à Bordeaux, âgée de 108 ans. Son père avait vécu 101 ans. (*Etrennes mignonnes,* 1754.)

Le 27 de ce mois, Jeanne Taillasson, ancienne sœur de la miséricorde de Bordeaux, meurt à Blaye, dans la 107e année de son âge.

Elle n'éprouvait aucune incommodité, et, jusqu'à son dernier moment, elle a joui du plus parfait usage de sa raison. (A. d. P., pag. 710.)

Le 14 décembre, Nicolas Despretz, curé de Bourniquel, diocèse de Sarlat, meurt âgé de 101 ans et 8 mois. (V. p. 610.)

En janvier 1754, Françoise Pinel, indigente, meurt à La Charité de Lyon, âgée de 104 ans et sans infirmités. (*Id.*, pag., 240.)

Le 30 octobre, Marie Blanchard, veuve de Jean Manseau, meurt au château de Champs-Cremainville, paroisse de Meslerai, diocèse de Chartres, dans la 104ᵉ année de son âge (103 ans et 9 mois), étant née le 30 janvier 1651, sans avoir jamais éprouvé aucune des incommodités de la vieillesse.

Elle voyait, entendait très bien et marchait sans bâton. Peu de jours avant son décès, elle fut à pied au Perche, distant de trois lieues de Meslerai, en revint sur une charrette chargée de meubles, et où elle était d'autant moins à son aise que le temps était froid et pluvieux. Cette imprudence hâta sa fin. (*Mercure de France*, mars 1755, pag. 199 à 200.)

Le 2 février 1755, la veuve du sieur Légier, garde des bois du Prieuré et comté de Perrecy en Charollais, y meurt âgée de 107 ans, étant née en 1648. Elle se maria à 18 ans, et eut dix-sept enfans.

Cette femme conserva jusqu'au dernier moment sa mémoire et l'usage de ses sens : elle marchait nu-pieds par les plus grands froids. On la trouva morte dans une écurie où elle couchait, et dont la porte était restée ouverte pendant une des nuits les plus rigoureuses de l'hiver. (A. de P., pag. 44.)

Le 2 avril, Mme Christine-Maurice de Lenoncourt, marquise de Balestrin, meurt à Pont-à-Mousson à l'âge de 117 ans, étant née en 1638. Elle lisait sans lunettes, et jouissait de toute sa raison.

Cette dame avait beaucoup d'esprit; on prétend même qu'elle ne fut exilée de la cour de Lorraine, par le duc Léopold, que pour avoir composé des vers satiriques contre plusieurs sots et influens personnages de cette cour. (A. de P., pag. 76.)

Au mois d'avril, Menot Thuillier, laboureur de Nougeras, village à trois lieues de Limoges, vient à l'âge de 113 ans faire ses complimens à son nourrisson, M. Texandier de Losmerie, au bureau des finances de cette ville, alors que celui-ci était dans sa 93ᵉ année. (A. de P., pag. 278.)

Le 19 septembre, madame Le Thuillier, veuve de M. Guillaume du Hamel, meurt âgée de 108 ans dans la paroisse de Riville, diocèse de Rouen. (V. p. 400.)

Le 9 novembre, Anne Pesnel, veuve de Jean Deschamps, laboureur, meurt à l'âge de 110 ans. Cette femme, de la paroisse de Saint-François au Hâvre, avait conservé toutes ses dents, et sa chevelure était encore noire et fournie. Elle conserva sa raison jusqu'à la fin, et la mémoire ne lui fit défaut que deux ans avant son décès. Depuis à peu près le même temps, elle ne pouvait plus manger de viande. Sa santé avait d'ailleurs été toujours bonne.

Depuis 25 ans, elle avait perdu son père, laboureur à Saint-Philibert, près Lisieux, où il mourut âgé de 105 ans. (**A. de P.**, p. 710.)

Le 5 mai 1756, Jacqueline Vif-Argent, religieuse cordelière de Saint-Just, diocèse de Beauvais, décède en ce monastère, à l'âge de 100 ans et 3 mois. (*Id.*, pag. 319.)

En janvier 1757, Jeanne Brizard, veuve de Jean Vallet, laboureur, décède, à l'âge de 106 ans, à Moulins-la-Marche, près Mortagne.

Cette femme avait toujours joui d'une bonne santé. Dans les dernières années de sa vie, elle s'occupait des soins à donner à un grand nombre d'enfans, qui étaient ceux de ses arrière-petits-fils.

Dès son enfance, Jeanne Brizard avait perdu ses père et mère. On trouva l'acte par lequel il lui fut nommé un tuteur en 1603, c'est-à-dire à l'âge de 2 ans. (**A. de P.**, pag. 36.)

En avril, Marguerite de Javerlach, religieuse de l'abbaye de Fervaques, ordre de Cîteaux, meurt en ce monastère, à l'âge de 100 ans 2 mois et 20 jours. (*Id.*, pag. 91.)

Le 1ᵉʳ mai, Catherine Béquet, veuve de Jean Angrand, journalier, meurt à l'âge de 102 ans et quelques jours, dans la paroisse de Calleville-la-Chapelle, diocèse de Rouen. (*Id.*, pag. 107.)

En juillet, Jacques Guin meurt âgé de 114 ans, au village de Conches, paroisse de Saint-Frézal de Vantalon, diocèse de Mende, dans les Cévennes.

Florette Roux, sa femme, avait 117 ans; ils comptaient 79 ans de mariage. Dix-huit enfans étaient le résultat de cet hymen extraordinaire; savoir, douze garçons et six filles. Quatorze de ces enfans existaient au moment du décès de leur père : Jacques Guin, fils aîné, avait 79 ans; Pierre Guin, 78 ans, et les autres à proportion. Leur union avait été bénie par un ministre protestant quelque temps après la révocation de l'édit de Nantes (22 octobre 1685).

Guin le père se fit remarquer, en 1703, parmi les rebelles connus sous le nom de *Camisards*. Il s'était d'abord attaché à Joannen, et combattit sous ses ordres dans l'affaire de Chaudomerge. Ensuite, il quitta Joannen pour suivre Roland, qui, ayant confiance en son courage, lui confia le commandement d'une troupe de cinquante hommes. Il se trouva, avec ce dernier, à l'affaire de Fontmot, où le régiment de Champagne fut si maltraité. Enfin, il l'accompagna lorsque ce chef de Camisards fit son traité avec le maréchal de Villars. (*Gazette de France*, 1758.)

En octobre, M. de Savines, abbé commanditaire de l'abbaye de Boscandon, ordre de Saint-Benoît, diocèse d'Embrun, meurt dans cette abbaye, à l'âge de 100 ans accomplis. (*Id.*, pag. 568.)

Le même mois, Pierre Bertrand, de la paroisse

de Saint-Martin à Metz, meurt en cette ville, à l'âge de 102 ans, laissant une sœur de 88 ans, un fils de 70, une fille de 65 et un autre fils de 60 ans.

Cet homme, dont le jugement était encore très bon, se souvenait parfaitement de toutes les particularités de sa vie, lisait sans lunettes, et allait tous les jours à la messe à la collégiale de Saint-Sauveur, située assez loin de sa maison.

Jusqu'à l'âge de 60 ans, il exerça la profession de boulanger, et jouit toute sa vie d'une santé parfaite. Le jour de son décès, il soupa fort bien; et, s'étant couché vers les neuf heures, il demanda un verre de vin. Après l'avoir bu, il se tourna de droite à gauche et expira. (A. de P., pag. 172.)

Le 30 décembre, Antoine Noulhac, cultivateur à Boisse, paroisse de Bar, près Tulle en Limousin, meurt âgé de 115 ans 4 mois et 8 jours, étant né le 22 août 1642.

Il n'eut, dans le cours de sa vie, d'autre maladie que celle dont il mourut. Il emporta dans la tombe toutes ses dents, aussi belles qu'elles pouvaient l'être à 25 ou 30 ans. Il conserva jusqu'à la fin sa mémoire et son bon sens. Il s'était marié trois fois; il avait 92 ans quand il épousa sa seconde femme, dont il eut des enfans qui vivaient lors de son décès. Il prit sa troisième femme à 102 ans. Il n'avait rien de particulier dans sa manière de vivre, si ce n'est qu'il ne buvait pas de vin.

L'âge de ce centenaire fut constaté par des

extraits baptistaire et mortuaire, légalisés en bonne forme et envoyés à Tulle. (*Gazette de France*, 1758, pag. 139.)

Le 6 janvier 1758, François Lafond, laboureur à Saint-Nicolas de la Grave, meurt dans ce village, à l'âge de 106 ans et quelques jours.

Il avait été soldat pendant 40 ans sous Louis XIV. (*Id.*, pag. 92.)

En mars, M. Aubourg, curé de Saint-André de Valborgne, diocèse d'Alais, meurt âgé de 107 ans. Il gouvernait cette paroisse depuis 78 ans. Sa sobriété était extrême : il ne vivait que de légumes, et l'eau était son unique boisson. (*Id.*, pag. 176.)

Le même mois, Catherine Reymond, native de Montesquiou, meurt dans la paroisse de Lerat, diocèse de Rieux, âgée également de 107 ans.

Par opposition au curé de Saint-André, cette fille buvait beaucoup de vin, et, quinze jours avant son décès, elle avait encore un appétit extraordinaire pour son âge. (A. de P., pag. 230.)

Le même mois, Marguerite Champenois, veuve de Luc Traitant, vigneron, meurt subitement à Sillery en Champagne, à l'âge de 105 ans. Elle jouissait encore, la veille de sa mort, de la santé la plus robuste, travaillait à la vigne, cousait sans lunettes, etc. (A. de P., pag. 191.)

Le 27 mai, Jean Dartel, paysan de Chamblanes près Bordeaux, meurt en cette ville dans la 110e année de son âge, étant né le 7 septembre 1648, dans la paroisse de Chamblancs, où il exerça la profession de jardinier jusqu'à l'âge de 84 ans.

Etant devenu aveugle, il était réduit à demander l'aumône pour subsister, lorsqu'en 1754 M. Daviel, chirurgien ordinaire du roi et célèbre oculiste, passant à Bordeaux, entendit parler du pauvre centenaire aveugle, eut la curiosité de le voir et de tenter l'opération de la cataracte qui réussit parfaitement quoique Dartel eût alors 106 ans! Il continua jusqu'à sa mort à jouir de la vue après avoir été aveugle pendant 22 ans.

Cette circonstance extraordinaire fixa sur lui l'attention de ses concitoyens et les jurats (1) lui accordèrent une pension de 400 livres qui lui fut exactement servie.

Sa mémoire, qui était fort locale, se reportait souvent sur les événemens remarquables arrivés dans sa jeunesse, tel que le passage à Cadillac de Louis XIV allant épouser l'infante d'Espagne, etc.

A la mort de Dartel, un grand concours de peuple suivit son convoi funèbre et couvrit sa tombe de lauriers. (*Gazette de Fr.*, pag. 283 et 284.)

En août, Marie Fage, du village de Conches, paroisse de Saint-Frézal de Ventalon en Languedoc, vivait encore, âgée de 105 ans. (*Id.*, pag. 415.)

Le même mois, mourut dans le diocèse de Vienne en Dauphiné, le curé de la commune de Robion, âgé de 108 ans.

Il possédait sa cure depuis près de 80 ans, et il

______

(1) On nommait ainsi, à Bordeaux, les consuls ou échevins.

n'y avait qu'un seul de ses paroissiens qu'il n'eût pas baptisé.

Depuis quelques années il avait cessé ses fonctions en résignant sa cure, mais il célébrait encore la messe deux jours avant sa mort qui ne fut précédée d'aucune maladie. Il laissa dans sa maison une femme âgée de 104 ans et qui l'avait toujours servi. (Sigault de Lafont, tom. 2, pag. 465).

En novembre, M. Pailhé, curé de Bonnemaison et de Mollère son annexe, dans le Bigorre, diocèse de Tarbes, vivait encore âgée de 105 ans, remplissant ses fonctions curiales comme à 30 ans et lisant sans lunettes. Il montait même encore à cheval. (A. de P., pag. 183.)

Janvier 1759, Mme veuve de Beaupré meurt âgée de 101 ans à Gravelines en Flandres.

Cet âge doit être considéré comme phénoménal, attendu que l'air de cette ville n'est pas réputé fort salubre. (E. m., 1760.)

Le 20.—Françoise Le Blanc, veuve de Jean Sallon, laboureur, meurt à Pogny sur Marne, village à 3 lieues de Châlons en Champagne, à l'âge de 113 ans, 10 mois et 28 jours, étant né le 22 février 1645.

Elle avait perdu la vue deux ans avant son décès, mais son jugement et sa mémoire étaient restés intacts. (*Id.*)

Le 21.—Jean-Jacques Collair, demeurant à Ruremonde, y meurt âgé de 113 ans.

Il avait été fourrier dans le régiment de Lignesinfanterie et placé ensuite dans le corps des invalides du Brabant.

Il avait conservé ses facultés physiques, et lisait sans lunettes. (*Id.*)

Février. La Lettré, menuisier, meurt au Croisic à l'âge de 107 ans. Il exerça sa laborieuse profession jusqu'au dernier jour de sa vie, ce qui annonce qu'il avait conservé toutes ses forces. (G. d. Fr., pag. 132.)

Le 27.—Marguerite Chaumont, veuve d'Antoine Fossey, laboureur, meurt à 108 ans dans la paroisse de Betaincourt succursale de Roche sur Rognon, diocèse de Langres.

Loin d'éprouver aucune des infirmités assez ordinaires à la vieillesse, elle possédait encore la force et les facultés de l'âge mur. Tous les mois elle allait vendre au marché et portait sur sa tête une mesure de blé du poids de 50 livres.

Elle conserva, en outre, son bon sens et sa raison jusqu'à son décès qui eut lieu sans maladie et subitement. (A. de P., pag. 199.

Le 19 mars, Mme Angélique Domangieux de Sempré, veuve de M. Jean-Jacques de Lartigues, meurt dans son château de Nouillac, paroisse de Bigorre, diocèse de Tarbes, à l'âge de 103 ans.

Cette dame était très courageuse, allait souvent à la chasse et était fort adroite au tir du fusil. A 80 ans il ne lui restait plus de dents, mais il lui en revint à 90 et elle les conserva jusqu'à 100. (*Almanach de Liège*, 1760.)

Le 10 avril, Guillaume Cartier meurt à Neuf-châtel en Brie, à l'âge de 107 ans, étant né le 10 janvier 1652 à l'Elpronde, hameau de la paroisse de Mesnières près Neufchâtel.

Marié à 36 ans, il avait eu 9 enfans dont 3 lui survécurent. Soldat pendant six ans sous Louis XIV, il se fit matelot pendant quelque temps et travailla ensuite jusqu'à 99 ans dans les carrières. Il se purgeait avec son urine. (A. de P., pag. 67.)

En mars 1760, Nicole Marc meurt au château de Colemberg en Boullonois, à l'âge de 110 ans. Elle était née au village d'Alembon, gouvernement d'Ardres en Picardie.

Depuis l'âge de 2 ans elle était estropiée du bras gauche qui ne prenait pas de nourriture ; sa main était repliée sous le bras en forme de crochet. Elle était bossue (1) et tellement courbée qu'à peine paraissait-elle avoir 4 pieds de haut. Avec un corps aussi disgracié et qui ne promettait guère une longue vie, elle resta toujours fille.

La première partie de sa vie est restée assez obscure. On sait, toutefois qu'elle passa 28 ans comme servante dans la ferme d'Odelan près Bourg de Licques, après quoi elle vint demeurer au château de Colemberg où elle est décédée après y avoir été comme domestique pendant 72 ans. D'où

---

(1) La déviation de la colonne vertébrale ne paraît pas faire obstacle à la longévité ; Hope, le maréchal de Luxembourg, Pope, La Réveillère-Lépaux et Oberkampf ont tous vécu long-temps , quoique affligés de gibbosité.

l'on peut inférer qu'elle a vécu au moins 103 ou 104 ans, et avec d'autant plus de raison qu'on lui a entendu dire plusieurs fois, l'année de son décès, qu'elle comptait 110 ans.

L'occupation de cette pauvre fille était de soigner les bestiaux et la basse-cour. Elle était fort vigilante et très sobre, ne vivant que de pain et de laitage. Cependant vers les derniers temps on était parvenu, à force de sollicitations, à lui faire prendre un peu de vin. Elle avait conservé toutes ses dents. Sa vue était excellente et son ouïe très fine. Elle faisait elle-même tous les objets dont elle avait besoin. (Renseignemens communiqués par Mme de Colemberg, à M. Wipacher.)

En septembre, Mme de Grasseins meurt dans le diocèse de Saint-Papoul, à l'âge de 113 ans et 1 mois, étant née en août 1660.

Elle n'avait jamais éprouvé d'autre incommodité que celle d'un asthme, dont elle était atteinte depuis 45 ans. (A. de P., pag. 636.)

En 1761, Pierre Brun, cultivateur de la paroisse de Bauzac en Angoumois, y meurt âgé de 104 ans, laissant sa femme qui en comptait déjà 100, et avec laquelle il avait passé 80 ans. Elle lui survécut jusqu'à l'âge de 111 ans. (A. de P., pag. 792, 1762.)

Le 23 mai, Jean-Pierre Gardien, tonnelier de profession, meurt à Metz, paroisse de Sainte-Croix dans le quartier de Bellecourt, à l'âge de 108 ans, étant né en mai 1653.

Il s'était marié à 18 ans, avait passé 70 ans avec sa première femme et en avait eu 11 enfans. S'étant remarié en 1740, cette seconde épouse ne vévut que 8 ans et ne lui laissa pas de postérité.

Jusqu'en avril 1661, c'est-à-dire 1 mois avant son décès, il n'avait ressenti aucune incommodité, d'autant plus heureux en cela qu'il s'observait peu sur le régime : depuis long-temps, il buvait chaque jour un verre d'eau-de-vie, mais pendant les trois dernières années il avait tellement augmenté la dose, qu'on a calculé qu'il en avait consommé 11 hottes ou 484 pintes (450 l. 12 cent.).

Il était d'ailleurs fort droit et sa vue s'était parfaitement conservée. (*Gaz. de Fr.*, 1761, pag. 318.)

En juin, Michel des Côtes, paysan, meurt dans la paroisse de Chastellux-Marcheix, élection de Bourganeuf, en Poitou, à l'âge de 109 ans. Jamais il ne fit de maladie. Il avait eu, de 6 femmes, 29 enfans, et en 1759, c'est-à-dire à 104 ans, il exerça pour l'un d'eux, les fonctions de collecteur des tailles. (*Gaz. de Fr.*, 1761, pag. 676.)

Le même mois, Jean Majoudou, laboureur, meurt dans la paroisse de Coulauras, à quelques lieues de Périgueux, dans la 114ᵉ année de son âge, ayant été baptisé, le 6 avril 1648.

Il conserva ses forces et sa raison jusqu'au dernier moment : le dimanche qui précéda sa mort, il entendit deux messes à genoux ! quand il était indisposé, il prenait pour tout remède une tasse de café; Il fut enlevé par une fièvre maligne. (A. de Pr., pag. 128.)

En décembre, Pierre Desjardins, natif du bourg de Solesmes en Cambresis, meurt au village de Saint-Hilaire près Avesnes dans le Hainault, à l'âge de 105 ans, étant né en 1656.

Sur la fin de sa vie son esprit s'était un peu affaibli, mais il avait conservé une telle force de tempérament qu'il soutint, pendant 48 heures, une agonie violente. (*Merc. de Fr.*, avril 1762, tom. 2, pag. 189.)

Le 8 décembre, Catherine Creté, veuve de M. Benoist, meurt au bourg de Saint-André dans la Marche, diocèse d'Evreux, dans sa 105e année, étant née le 11 février 1656.

Jusqu'à la fin de sa vie, elle a lu et cousu sans lunettes. Elle allait tous les jours à la messe sans avoir besoin d'aucun appui, et ne cessa d'y aller que six jours avant son décès. (*Gaz. de Fr.*, 1762, pag. 34.)

Même mois, Jacques Perche meurt à Chartres, paroisse de Saint-Saturnin, à l'âge de 111 ans.

Il avait toujours mené une vie très frugale et, quoique vigneron, ne buvait que de l'eau. (*Gaz. de Fr.*, 1762, pag. 82.)

Même mois, Marie Guast, née à Lasson, à deux lieues de Caen en Normandie, y meurt âgée de 103 ans.

Toute sa vie elle avait joui d'une santé et d'une gaîté admirables; et jusqu'au jour de son décès elle ne manqua jamais, chaque matin, de boire un petit verre d'eau-de-vie. (V., mars 1763, pag. 239.)

Le 13, Toussaint-Maratray, pauvre manœuvre, décède à Beaumont en Bourgogne, à l'âge de 112 ans. Il s'était remarié à 75 ans et avait eu des enfans de cette union. Sa vue était seule un peu affaiblie dans les dernières années de sa vie. (*Id.*, pag. 240.)

Février 1762, M. l'abbé Nicolas Dumarest, ancien curé de la paroisse de Gommerville, meurt à Rouen dans la 104e année de son âge. (*Merc. de Fr.*, 1762, tom. 1, pag. 189.)

Avril, Marie Jouhaud, veuve de Léonard Guconeau, laboureur au Hameau de Valois, paroisse de Nexon, diocèse de Limoges, meurt âgée de 111 ans, étant née en 1651.

Pendant une aussi longue carrière, elle n'avait été affligée d'aucune infirmité. Elle jouissait encore de tout son bon sens peu de jours avant son décès, qui a été la suite d'une apoplexie.

On a remarqué comme une singularité que l'on perdit, dans la semaine qui vit succomber Marie Jouhaud, quatre habitans de la même paroisse, et dont le plus jeune avait 85 ans. (Aff. de P., pag. 364, 1762.)

Le 25 juin, Jeanne Landois, veuve de Pierre Brun, laboureur, meurt dans la paroisse de Bunzac en Angoumois, à l'âge de 111 ans, après 80 ans de mariage et 11 ans de veuvage.

Son mari était mort en 1751, à l'âge de 104 ans. (V. 1762, pag. 240.)

18 août, Mme Elisabeth Delong, veuve en premières noces de M. Antoine Nieul, négociant à Vil-

levieille près Sommières en Languedoc, et, en secondes noces, de M. Jean Gaucent, aussi négociant,
meurt à Villevieille âgée de 107 ans accomplis, et
le jour même de l'anniversaire de sa naissance,
étant née le 18 août 1655.

Elle avait eu plusieurs enfans de son premier
mariage et deux du second, dont une fille à l'âge de
55 ans. Jamais elle n'éprouva la moindre incommodité, et sa mémoire lui resta fidèle jusqu'au dernier moment. Son caractère était naturellement
fort gai, quoiqu'elle n'eût jamais fait usage de vin
ni d'aucune boisson excitante.

Une fois par mois, elle allait à pied à Sommières pour voir sa fille mariée à M. Brugnières, chi-
rurgien-major, quoique de Sommières à Villevieille
il y ait une descente assez rapide.

Son grand âge excitait l'attention et le respect
de chacun, et elle répondait à toutes les questions
avec une précision admirable, tant sur le passé que
sur le présent. (*Gaz. de Fr.*, 1762, pag. 338.)

Décembre, Jean-Jacques Magnan meurt à Senes-
tris, diocèse d'Agen, âgé de 104 ans.

Il avait été matelot et servit en cette qualité sur
la flotte que fit équiper Louis XIV, en 1689, pour
transporter le roi Jacques II en Irlande.

Après avoir quitté le service, il se livra à l'agriculture jusqu'à la fin de ses jours. (V. mars 1763,
pag. 240.)

Le 22, Gabriel Chevalier, laboureur, meurt à
Boursai dans le Vendomois, à l'âge de 106 ans.

Il avait servi sous le maréchal de Catinat, s'était trouvé le 18 août 1690 à la bataille de Stafarde et, le 4 octobre 1693, à celle de Marsaille.

Ce centenaire, doué d'une force musculaire remarquable, était d'un caractère violent : on l'avait vu, quatre ans avant son décès, se boxer avec un individu qui l'insultait, et demeurer vainqueur dans ce combat.

Par exception il n'était point redevable de sa vigueur, de sa bonne santé ni de son grand âge au régime qu'il suivait, ne s'étant jamais refusé aucun des plaisirs qu'il avait pu se procurer en tout genre. (*Gaz. de Fr.*, mars 1763, pag. 241.)

Le 25, Nicolas Schraen, fermier, habitant un village de la Flandre française dans la châtellenie de Berg-sur-Vinox, meurt âgé de 108 ans.

Il cultivait encore son champ lui-même, la dernière année de sa vie ; il façonnait des fagots, battait le blé, etc. Il avait conservé ses cheveux ; sa vue était claire et son pied encore bon, puisqu'il faisait souvent 4 à 5 lieues par jour. Ses dents étaient tellement bonnes encore qu'il préférait la croûte à la mie de pain.

A l'âge de 82 ans il convola en secondes noces, et laissa une vingtaine de descendans. (*Gaz. de Hambourg*, 1762, art. France.)

Le 11 octobre 1763, Marie Chomin, veuve de Jean Héricien, cloutier, meurt à Yvrai près Laigle, en Normandie, à l'âge de 107 ans.

A 83 ans elle se cassa un bras qui fut parfaitement remis deux mois après, et dont elle ne souffrit jamais. C'est d'ailleurs la seule indisposition qu'elle ait éprouvée pendant sa longue carrière. (*Aff. de P.*, 1764, pag. 12.)

- Janvier 1764, Louis-Armand de Gironde, baron de Lavaur, meurt en son château de Lavaur, diocèse de Sarlat, dans la 104ᵉ année de son âge.

Il montait encore à cheval, allait à la chasse, et mourut des suites d'une chute. (*Gaz. de Fr.*, 1764, pag. 44.)

Le 24 avril, Noël-François Trudain, ancien batelier et, depuis, casseur de pierres ou cantonier, meurt à Boulogne-sur-Mer dans la 103ᵉ année de son âge.

Quelque temps avant son décès il avait façonné un demi-cent de fagots, en les portant lui-même au grenier. Cet abus de sa force, dans un âge aussi avancé, détermina la maladie dont il mourut. (*Alm. des Cent.*, 1765, pag. 40.)

Décembre, Jean Cathala, cordonnier, meurt à Saint-Julien de Gaix, paroisse de la généralité de Montpellier, à l'âge de 108 ans, et ayant exercé sa profession jusqu'au dernier jour. (V. 1765, pag. 145.)

Le 21 mars 1765, Pierre Fumery, ancien journalier de la paroisse de Normanville, y meurt âgé de 105 ans.

Peu de temps avant son décès, il faisait encore deux ou trois lieues par jour dans la circonscription de sa paroisse, en demandant sa vie que, du reste, on lui procurait abondamment. (*Aff. de P.*, 1765, pag. 760.)

Le 21 avril, Rose Blanchard, veuve de Joseph Aubergy, maître calfat, mort la veille à 106 ans, décède à Marseille étant âgée de 109 et après 19 ans d'union, s'étant remariée avec Aubergy à l'âge de 90 ans. (*Aff. de Pr.*, 1765, pag. 204.)

Le 16 septembre, Pierre Gaussier, surnommé Corne, pauvre journalier, meurt à 107 ans, dans la paroisse de Ludonen-Médoc.

Jusqu'à 88 ans il avait travaillé à la terre, mais à cet âge ses forces l'ayant abandonné, il fut obligé de mendier pour vivre. (*Affiches de Pr.*, 1765, pag. 268.)

Le 26 décembre 1766, Barbe Clément, veuve de François Girard, marchand à Baccarat, diocèse de Metz, meurt à Cirq en Lorraine, dans la 110e année de son âge. Elle jouissait de toutes ses facultés; femme gaie et d'un caractère égal, la vieillesse n'avait pas même altéré ses traits. (*Id.*, 10 février 1768.)

Le 12 janvier 1767, Mme Jeanne Le Bigot, veuve de M. Charles Duclos, propriétaire à Rennes en Bretagne, y meurt dans la 102e année de son âge (101 ans, 3 mois 28 jours), étant née à Dinan le 14 septembre 1665.

Elle avait toujours joui d'une parfaite santé et de l'usage de tous ses sens, ayant même conservé jusqu'à la fin de sa vie beaucoup de gaîté et une grande vivacité d'esprit. Ce fut une fièvre inflammatoire qui l'emporta ; une saignée l'aurait vraisemblablement sauvée ; mais son grand âge en détourna le médecin. (Lott. tom. 9, pag. 10.)

Le 2 février, Claudine Bonsar meurt à Saint-Laurent en Grandvaux dans la Franche-Comté, âgée de 103 ans.

Femme qui n'avait jamais fait bonne chère, n'ayant pas souvent de pain en suffisante quantité et ayant toujours beaucoup travaillé à la terre. (*Messag. Boit.*, 1768.)

Le 8 avril, M. Pierre La Barrière de Fournier, curé de Nastringue en Agénois, meurt dans la paroisse de Fouquerolles, juridiction de Montravel en Périgord, dans la 105e année de son âge (104 ans, 8 mois 25 jours), étant né le 14 juillet 1662.

Un jour ce respectable vieillard était occupé à battre son blé lorsqu'un de ses paroissiens vint le prier de recevoir sa confession : — « Volontiers, « lui dit-il, mais avant faites votre pénitence.» En achevant ces mots il lui mit entre les mains un fléau et le fit battre le blé aussi long-temps que ses forces le lui permirent. (Lett. de M. Lamothe, médecin à Bordeaux, 21 novembre 1767.)

Novembre, Philippe Larroque, boucher, meurt à Trie en Gascogne, âgé de 102 ans.

Son grand âge n'est pas ce qu'il y a de plus merveilleux en lui. Ce qui le paraîtra davantage, c'est qu'à l'âge de 92 ans il lui perça 4 grosses dents. Ce qu'il y a de plus rare encore, c'est qu'une longue existence qui, chez les autres hommes, est ordinairement l'effet et la récompense de la sobriété, fut chez celui-ci le résultat de l'habitude où il était de s'enivrer deux fois par semaine. Loin que ses forces en fussent énervées, il était d'une vigueur telle qu'il vaqua, jusqu'à l'âge de 100 ans, à l'exercice de sa rude profession; et, à l'exception des instans où l'ivresse le faisait chanceler, sa démarche était aussi ferme et aussi alerte que s'il n'avait eu que 25 ans. (*Gazette d'Utrecht*, 20 janvier 1768.)

Le 18, Balthazard Mourenc meurt à Marseille dans la 115ᵉ année de son âge (114 ans et quelques mois). Il était né en 1652 au hameau des Mourcenes près Sainte-Marthe, avait été baptisé à Marseille à l'église de la Major, et, dans sa jeunesse, avait servi comme marinier de rame, métier bien propre à le rendre robuste.

Avant l'hiver de 1766, il jouissait encore d'une santé parfaite; mais le froid rigoureux de cette année lui ayant attaqué le système nerveux, il fut, dès lors, obligé de garder le lit jusqu'à son décès. (*Courrier d'Avignon*, du 11 décembre 1767.)

Décembre, Bernard Lesage, surnommé Thomas, meurt âgé de 104 ans dans la terre et paroisse dite autrefois de Saint-Aubin et depuis, érigée en marquisat sous le nom de Roquelaure dans le diocèse de Lombez. Il fut honnête homme, chasseur intrépide et laborieux jardinier. Toujours il posséda une parfaite santé. Quoique privé de la vue quelques années avant son décès, il ne restait pas néanmoins dans l'inaction.

Il conserva son bon sens jusqu'au dernier moment, attribuant, du reste, la destruction de son corps, non à la longueur des années, mais aux rudes fatigues de la chasse qu'il avait éprouvées au service de ses maîtres.

Il donnait à entendre qu'il aurait voulu faire plus encore; car M. le marquis de Roquelaure et son épouse n'ont cessé de lui prodiguer, souvent de leurs propres mains, tout ce qui lui était nécessaire ou agréable. (*Id.*, du 29 décembre.)

Le 4 janvier 1768, Pierre Bérenger, laboureur, meurt à Valence en Dauphiné, à l'âge de 104 ans, et est inhumé le lendemain dans l'église Saint-Jean de cette ville.

Un siècle entier s'écoula sans qu'il eût éprouvé la moindre incommodité ; il cultivait ses terres par lui-même et avec la vigueur d'un jeune homme.

Ce ne fut que pendant les quatre dernières années de sa vie, qu'il se livra à des occupations moins pénibles, et dont les plus habituelles étaient des exercices de religion : changement de vie qui hâta probablement sa fin. (*Id.*, du 29 janvier.)

Le 8, Pierre Sablier dit Rouaré, laboureur, meurt ainsi que sa femme à Izieu, paroisse située près Saint-Chaumont en Lyonnais, dans la centième année de leur âge. Jamais couple ne fut aussi singulièrement et aussi merveilleusement assorti : ils naquirent le même jour, furent baptisés ensemble et sur les mêmes fonts. Tous deux ont joui constamment d'une bonne santé, et tous deux, morts le même jour, ont été inhumés dans la même fosse. (*Courrier d'Avignon*, du 26 janvier.)

Le *Moniteur universel* du 24 juin 1834 rapporte un fait qui a beaucoup d'analogie avec le précédent :

Deux vieux époux, qu'on désignait à Landrecies sous les noms de Philémon et Baucis, viennent de mourir ou plutôt de s'éteindre à peu d'heures de distance l'un de l'autre. L'époux avait de 86 ans à 87 ans, et la femme de 84 à 85. Ils sont morts le jour du grand orage. Après une si longue union, on n'a pas voulu les séparer; ils ont été inhumés en même temps et dans le même cercueil.

Le 11 juillet, François Leude, fils naturel et légitimé de Jean Leude, meurt âgé de 110 ans chez M. Dumesne, serrurier.

Il fut inhumé dans le cimetière de la paroisse de Saint-Pierre de Basséas près Bordeaux, le 12 juillet en présence d'Elie Peyraud, de Jacques Guillery et de Jean Cazenave fils et neveu.

En marge du registre mortuaire on a écrit : « Il était âgé de 110 ans, n'avait jamais été ni saigné ni purgé, et avait conservé toutes ses dents et sa raison jusqu'au dernier moment. (Communiqué par M. Lamothe, médecin à Bordeaux.)

Le 12 novembre, François Bias meurt au château de Montecler à l'âge de 110 ans.

Il était né à Vauloine près Bollême, et jamais il n'éprouva les infirmités de la vieillesse. Pendant les dernières années de sa vie, son occupation était de prendre soin de la basse-cour au milieu de laquelle on lui avait construit une petite cabane où il couchait, et il ne voulut jamais souffrir qu'on le fît coucher ailleurs. (*Merc. de Fr.*, mars 1769.)

Le 1ᵉʳ décembre, Martin Daguerre, laboureur, meurt dans la paroisse de Locarre, diocèse de Bayonne, en la 109ᵉ année de son âge (108 ans, 10 mois, 25 jours), étant né le 5 janvier 1660. Jusqu'à l'âge de 105 ans il vaqua aux travaux de l'agriculture, et ne fut jamais malade. (*Gazette de France*, du 23 janvier 1669.)

Le 18 février 1769, Abraham Favrot meurt à 104 ans. Il était né au château d'Onex en Suisse, et exerçait la profession de boulanger. Il avait toujours la pipe à la bouche, et aimait passionnément la chasse.

Il marchait encore très bien, et lisait sans lunettes. Il mourut subitement, sans aucun indice de souffrance, et comme une lampe bien allumée qu'un souffle éteint tout à coup. (*Aff. de Pr.*, du 29 mars 1769.)

On fera remarquer que ce centenaire est le seul indiqué comme ayant fait un usage constant de la pipe. Tissot, médecin du 18ᵉ siècle, a signalé dans un ouvrage intitulé : *Avis aux gens de lettres et aux personnes sédentaires*, les inconvéniens de l'usage du tabac à fumer. Il dit que :

« La fumée du tabac produit quatre vices, qui sont : 1° L'expuition de la salive et toutes les maladies qui en émanent; 2° Le trop fréquent picotement détruit les forces de l'estomac et des intestins, ôte l'appétit, etc.; 3° L'acrimonie des sels du tabac se répand dans les humeurs; 4° La fumée du tabac obligeant à boire beaucoup, cet excès de boisson est nuisible à la santé. »

Quoi qu'il en soit, et malgré l'inobservance des prescriptions de Tissot, relatives aux inconvéniens de fumer le tabac, son livre, publié à Paris en 1767, contient d'excellens préceptes généraux d'hygiène et dont la mise en pratique serait avantageuse à un grand nombre de personnes.

18 juin, Marguerite Coupée, veuve de Richard Martin, artisan, meurt à Rouen sur la paroisse Saint-Macaire, dans la 115ᵉ année de son âge (114 ans, 10 mois, 14 jours), étant née le 4 août 1654 à Folleville territoire du pays de Caux. Très laborieuse et toujours occupée de travaux pénibles, Marguerite vit sa longue existence s'écouler dans un état voisin de l'indigence, et traversée par des maladies fréquentes. Mariée à 40 ans, elle eut un fils à 45 et une fille à 50 ans passés. Elle conserva jusqu'à la fin sa mémoire et son bon sens; mais, depuis plusieurs années, elle était privée de la vue. Une affection de poitrine, à laquelle elle résista près de deux mois, la conduisit enfin au tombeau. (*Gazette de France*, du 31 mars 1770.)

En août, M. François Flamisset, curé de Temillières près Troyes en Champagne, meurt âgé de 115 ans et après 89 ans de prêtrise. Il était entré dans les ordres en 1610, à l'âge de 26 ans. (*Id.*, 1769, pag. 396.)

En mars 1770, meurt la dame Marie Johan, veuve de M. de Villeneuve, lieutenant-général, à l'âge de 108 ans, sans aucune infirmité et n'ayant jamais eu recours aux médecins ni aux chirurgiens. (*Gazette de France*, 1770.)

En septembre, Antoine Senisse, cultivateur, décède au village du Puy, commune de Châteauneuf, diocèse de Limoges, à l'âge de 111 ans. Quinze jours avant sa mort, il labourait encore son champ. Sa nourriture habituelle consistait en châtaignes et en pain noir. (*Id.*)

1ᵉʳ décembre, Jean Amouroux, cultivateur, meurt dans la 117ᵉ année de son âge à Massiac, diocèse de Saint-Flour en Auvergne, où il était né le 14 avril 1654. Soldat jusqu'en 1685, il se trouvait à l'affaire où le maréchal de Turenne fut tué. Amouroux décéda sans avoir eu de maladie ni éprouvé d'infirmités dans le cours de sa vie. (*Id.*, 7 janvier 1771.)

En 1779 existait à Pau (Basses-Pyrénées), un vieillard de 110 ans, encore très agile et fréquentant les marchés des villes voisines. A 105 ans il épousa une jeune fille qui lui donna un fils deux ans après ce mariage. (*Journal encyclopédique*, avril 1779.)

En 1794 meurt dans le Jura, le patriarche Jacob âgé de 125 ans. (*Voir* l'introduction, ou la 2ᵉ partie.)

Fermons ici le 18ᵉ siècle et entrons dans le 19ᵉ, où nous trouverons des exemples de longévité plus nombreux encore. On en jugera, en parcourant l'état indicatif du nombre des centenaires décédés pendant 14 ans seulement, dans chacun des 86 départemens de la France.

ÉTAT, *par département, des centenaires décédés en France, pendant les années :*

DÉPARTEMENS.	1824.	1825.	1826.	1827.	1828.	1829.	1830.	1831.	1832.	1833.	1834.	1835.	1836.	1837.
Ain	1	1	»	»	1	»	»	2	1	1	3	2	»	»
Aisne	»	1	»	»	»	»	»	»	1	1	1	»	»	»
Allier	»	4	6	1	1	1	2	»	4	»	1	1	»	»
Alpes (Basses-)	»	»	»	»	»	2	»	1	»	»	1	2	2	2
Alpes (Hautes-)	3	»	»	»	1	»	»	»	»	»	»	»	»	»
Ardèche	1	5	4	3	2	8	3	4	8	3	3	4	5	3
Ardennes	»	»	1	»	»	2	1	1	»	»	1	»	1	»
Ariége	5	9	7	5	5	3	3	8	7	6	2	4	3	8
Aube	»	»	»	»	»	»	2	»	»	»	1	1	»	»
Aude	»	3	»	2	1	22	»	»	»	2	»	1	2	5
Aveyron	2	1	6	7	4	8	4	7	9	3	5	2	11	4
Bouches-du-Rhône	»	1	»	»	»	»	»	»	»	»	1	1	»	»
Calvados	2	1	5	2	1	1	»	11	4	»	»	2	2	1
Cantal	5	5	3	7	2	3	4	4	4	4	7	9	9	4
Charente	2	»	5	4	1	5	1	2	»	3	2	1	1	»
Charente-Inférieure	»	1	»	1	1	4	1	2	2	1	1	1	3	2
Cher	»	»	»	»	»	»	»	»	»	»	1	1	»	4
Corrèze	4	6	3	2	3	3	3	»	4	2	2	»	2	3
Corse	»	1	»	»	»	»	»	1	»	»	5	1	2	»
Côte-d'Or	»	»	»	»	»	»	»	»	»	»	»	1	3	1
Côtes-du-Nord	1	4	1	3	»	»	3	2	3	1	»	»	2	3
Creuse	»	1	1	3	1	»	»	2	»	3	»	4	3	1
Dordogne	9	16	4	6	11	11	3	12	10	18	13	12	12	13
Doubs	1	3	2	»	»	1	»	3	»	1	»	1	»	2
Drôme	1	2	3	»	1	1	1	»	»	1	1	»	2	1
Eure	»	»	»	»	»	»	2	1	1	»	»	1	»	1
Eure-et-Loir	»	»	»	»	1	»	»	»	1	»	1	»	»	»
Finistère	1	»	1	4	1	3	2	1	3	1	1	»	3	2
Gard	1	»	»	2	2	1	»	»	»	»	»	»	»	1
Garonne (Haute-)	4	4	6	5	5	4	2	2	1	4	5	10	8	11
Gers	7	6	7	5	2	8	11	9	6	9	6	13	8	9
Gironde	3	8	7	10	13	2	7	7	10	11	15	7	3	6
Hérault	1	1	2	»	1	3	»	2	1	2	1	1	»	1
Ille-et-Vilaine	5	4	1	2	1	1	2	1	»	»	»	»	»	»
Indre	»	»	1	»	1	»	»	»	»	»	»	»	»	1
Indre-et-Loire	»	»	»	»	»	»	»	1	1	4	»	»	»	»
Isère	»	1	1	1	2	3	1	1	1	2	1	6	1	1
Jura	»	1	»	1	1	1	»	»	»	»	»	»	»	2
Landes	1	2	4	»	2	5	6	6	4	4	2	»	2	6
Loir-et-Cher	»	»	»	»	»	1	»	»	»	»	»	»	»	»
Loire	2	1	1	»	»	2	5	1	»	5	»	4	4	5
Loire (Haute-)	2	»	»	2	»	»	»	»	»	»	1	2	2	4
À reporter	64	93	82	78	68	109	69	94	96	96	73	97	96	104

DÉPARTEMENS.	1824.	1825.	1826.	1827.	1828.	1829.	1830.	1831.	1832.	1833.	1834.	1835.	1836.	1837.
Report.....	64	93	82	78	68	109	69	94	96	96	73	97	96	104
Loire-Inférieure ...	1	7	4	5	»	1	2	2	3	1	2	2	1	2
Loiret..........	»	»	»	1	»	»	»	»	»	»	»	»	»	»
Lot............	11	3	6	4	7	10	»	1	11	11	6	8	11	3
Lot-et-Garonne....	2	1	7	4	2	1	»	4	1	»	5	»	»	2
Lozère.........	1	2	3	»	»	2	»	3	1	2	2	3	3	3
Maine-et-Loire....	1	»	»	1	»	»	3	»	1	1	»	»	»	»
Manche.........	»	»	3	»	2	»	»	»	»	»	»	»	»	»
Marne..........	»	»	»	»	»	»	2	»	»	»	1	1	1	1
Marne (Haute-)....	»	»	»	»	»	1	»	»	»	1	2	»	1	1
Mayenne........	»	»	»	3	»	»	1	»	3	1	»	1	1	4
Meurthe........	»	»	»	»	1	2	»	1	2	»	»	»	1	2
Meuse..........	»	1	»	»	»	2	»	»	3	1	»	»	»	»
Morbihan	1	»	»	4	1	1	»	»	»	1	2	»	1	»
Moselle.........	»	6	3	4	2	»	1	3	2	3	1	»	1	3
Nièvre.........	4	5	5	5	4	»	»	2	»	1	»	»	»	»
Nord..........	3	»	»	2	3	2	2	1	2	»	1	8	1	3
Oise..........	»	»	»	1	»	1	»	»	»	»	»	»	1	»
Orne..........	2	»	»	1	»	»	1	»	»	»	»	1	»	2
Pas-de-Calais......	2	2	3	2	2	»	»	3	1	»	»	1	»	4
Puy-de-Dôme.....	5	4	2	3	3	2	4	8	2	1	5	1	3	4
Pyrénées (Basses-)..	12	14	20	16	10	»	»	12	8	5	7	5	4	14
Pyrénées (Hautes-).	3	1	8	3	5	3	4	5	3	1	6	6	»	»
Pyrénées-Orientales.	»	»	»	»	1	1	»	3	»	»	»	»	1	»
Rhin (Bas-).......	1	»	»	»	»	2	»	1	1	»	»	»	»	»
Rhin (Haut-)......	1	»	»	1	»	1	»	»	»	»	»	1	»	»
Rhône.	1	»	1	2	»	1	»	1	»	2	»	»	»	»
Saône (Haute-)....	»	»	»	»	»	»	»	»	2	1	3	»	2	1
Saône-et-Loire.....	»	2	»	1	2	»	5	1	»	1	3	2	»	1
Sarthe..........	»	»	1	»	»	1	1	»	2	1	»	»	»	»
Seine..........	2	1	1	1	2	2	»	2	»	3	2	»	2	9
Seine-Inférieure ...	»	1	»	»	»	2	5	»	1	1	1	»	»	»
Seine-et-Marne....	»	»	»	1	»	»	»	»	»	»	»	»	»	»
Seine-et-Oise......	»	»	»	»	»	»	»	»	»	»	1	1	»	»
Sèvres (Deux-)....	2	1	»	1	1	4	2	2	2	1	2	»	1	2
Somme	»	»	3	»	»	»	»	»	»	»	»	»	»	»
Tarn...........	»	»	1	5	2	2	4	6	2	»	3	4	4	»
Tarn-et-Garonne...	4	5	»	1	1	2	»	2	2	30	»	14	4	2
Var...........	1	1	»	1	1	2	1	»	1	1	2	1	»	»
Vaucluse........	1	»	»	»	»	»	»	»	»	»	»	»	»	»
Vendée.........	6	3	»	3	5	»	»	1	3	5	3	5	3	4
Vienne.........	1	1	»	»	1	»	»	»	»	»	2	1	»	1
Vienne (Haute-)...	4	4	4	1	2	»	3	6	2	2	1	2	3	1
Vosges	1	»	1	»	»	»	3	1	1	»	»	1	»	»
Yonne..........	1	1	»	»	»	1	1	»	1	»	»	3	»	»
TOTAL........	138	152	158	153	128	159	111	163	159	176	144	170	146	175

En réunissant le nombre des centenaires décédés pendant ces 14 années, on trouve qu'il en est mort 2,124 dont le 14ᵉ est de 151; divisé par la population du royaume dont le total est de 33,540,910, d'après le recensement de 1836, ce chiffre donne un centenaire sur 222,125 habitans.

D'après un résumé des registres de naissances, mariages et décès pendant le même laps de temps, la mortalité en France s'est élevée à 11,687,564 individus, dont la moyenne est de 834,826 qui, divisée par 151, donne un centenaire pour 5,528 morts.

Ces calculs ne sont pas d'une mathématique rigoureuse, mais ils approchent de la vérité.

Le tableau qui précède fait, d'ailleurs, connaître que 150 centenaires, terme moyen, décèdent annuellement en France. Le gouvernement seul pourrait connaître le chiffre exact des vivans, parce qu'il agit avec une simultanéité d'action à laquelle ne peut prétendre un individu isolé, quelles que soient la bienveillance dont il puisse être l'objet et l'étendue de ses relations avec les divers points du royaume.

Ce tableau a été dressé sur ceux fournis par le Bureau de statistique générale à celui des longitudes et qui sont complets pour ces 14 années seulement; car, avant 1824, on se bornait, comme on se borne depuis 1837, à indiquer par département le mouvement de la population du royaume.

Cependant le Bureau des longitudes a continué, depuis cette dernière époque, à indiquer, dans le tableau des décès de la ville de Paris, l'âge, le sexe et l'état de mariage de ses habitans.

Mais, à l'avenir, on ne pourra plus connaître avec certitude le nombre des centenaires qui, chaque année, décèderont en France, attendu que d'après une circulaire émanée, le 2 avril 1841, du ministère de l'intérieur et relative au dénombrement quinquennal de la population, l'indication de l'âge a été supprimée.

Quoi qu'il en soit, voici plusieurs exemples de longévité observés en France depuis 1837 et à partir de l'âge de 100 ans.

Mangot (Alexandre), ancien professeur de mathématiques à l'École polytechnique, décédé âgé de 105 ans à Passy près Paris, encore droit et bien portant, et jouissant de toutes ses facultés intellectuelles.

Marie Priou, décédée en 1838, dans le département de la Haute-Garonne, à l'âge de 158 ans. (*Voir* la 2ᵉ partie.)

Delpuech, cultivateur, décédé en mars 1840, à Saint-Cernin, département du Cantal, à l'âge de 120 ans. (*Voir* la 2ᵉ partie.)

Il existe dans la commune de Port-Dieu, près Bort, département de la Corrèze, un couple remarquable par sa longévité : le mari a 101 ans, la femme 102, et ils sont unis depuis plus de 80 ans. (*Moniteur universel* du 15 avril 1840.)

Dans un coin du Périgord, vient de mourir à l'âge de 117 ans un vétéran de l'armée française, nommé Ligneras, qui avait figûré dans cette belle charge de cavalerie dont le succès décida la victoire de Fontenoi.

M. Ligneras laisse une veuve âgée de 98 ans. (*Moniteur universel* du 18 décembre 1840.)

On lit dans le *Courrier de Montpellier*, à la date du 31 juillet 1841 :

Nous avons à signaler un cas de longévité très remarquable. La nommée Marie Gervais, célibataire, native de Villeneuve, a terminé sa carrière à l'âge de 110 ans. Les renseignemens qu'il nous a été possible de recueillir sur cette doyenne des vieilles filles sont très bornés : les registres de l'hôpital général constatent qu'elle est entrée dans cet établissement, en qualité de couturière, en 1762, étant âgée de 32 ans ; elle ne l'a plus quitté depuis lors. Personne ne saurait dire les motifs qui l'y avaient amenée ; car les souvenirs de personne à l'hospice ne peuvent remonter jusque là. La supérieure de cette maison, qui approche 80 ans, y a toujours vu Marie Gervais, qui était depuis long-temps infirme.

La commune de Saint-Christophe-des-Bardes, dit la *Chronique de Libourne*, vient de perdre la doyenne de ses habitans :

La femme Laporte, morte le 1er de ce mois (août 1841), était née le 12 janvier 1740 ; elle avait, par conséquent, 101 ans, 6 mois et 18 jours, donnant un démenti formel à cette croyance, assez répandue parmi le peuple, que les jumeaux ne deviennent pas vieux, car elle avait une sœur jumelle décédée à 98 ans.

C'est la troisième femme centenaire, morte depuis trois ans, dans l'arrondissement de Libourne, département de la Gironde.

Le nommé Claude Valer vient de mourir à Montjaux, arrondissement de Millau, département de l'Aveyron, à l'âge de 104 ans et 3 mois.

Cet homme, né le 19 mai 1737, a conservé jusqu'au dernier moment ses facultés morales et intellectuelles : il a été emporté par une maladie inflammatoire. Sa constitution physique était si forte que, durant sa longue et laborieuse carrière, il n'avait pas été obligé de garder le lit un seul jour pour cause de maladie. Jamais il n'avait porté de bas, même pendant l'hiver. Le jour, il posait ses pieds nus sur la pierre froide ; la nuit, il les enveloppait avec des linges trempés dans l'eau également froide.

Depuis une douzaine d'années il était aveugle, et l'était devenu presque subitement. (*Moniteur universel*, 30 septembre 1841, pag. 2148.)

On cite un vieillard âgé de 108 ans, nommé Dubourg Krick, né à Phalsbourg et mort ces jours derniers à Lixheim. Il n'avait jamais été malade et voyait encore parfaitement. La veille de sa mort, il avait fait une lieue à pied. (*Moniteur universel* du 22 octobre 1841.)

Mme Lachaume (Sophie), décédée en septembre 1841 à l'âge de 106 ans.

Sa position de fortune plaçait cette dame dans la nécessité d'avoir recours à la munificence de l'État. Le dernier secours accordé a servi à ses funérailles! (Renseignemens communiqués.)

Il vient de mourir dans la commune de la Couronne (Charente) un vieillard plus que centenaire : M. C*** de Champigny, né aux États-Unis, qui fit avec distinction la guerre de l'indépendance. Les noms de Lamothe-Piquet, Rochambeau, Lafayette et Washington étaient toujours présens à sa mémoire. (*Moniteur parisien*, 5 septembre 1841.)

Foulon (la dame), morte en octobre 1841, rue du faubourg du Roule, à Paris, à l'âge de 104 ans. Elle était sœur de Foulon, manufacturier, qui périt misérablement au commencement de la révolution française, soupçonné d'avoir dit que *Le peuple était né pour manger du foin!*...

Un exemple de longévité vient de se produire dans notre ville : le nommé Jean Champagne, natif de Pau, est mort dimanche dernier (14 novembre 1841), à l'âge de 100 ans et demi. (*Glaneur d'Oloron*, Basses-Pyrénées.)

Aveyron.—Vabre, 11 décembre.

Le nommé Tarroux, cultivateur, domicilié à Crosilles, vient de mourir à l'âge de 107 ans, jouissant encore de toutes ses facultés. Huit jours avant son décès, il travaillait encore à la bêche son petit coin de terre ; il a ensemencé dans cette dernière semaine deux hectolitres de seigle. (*La Presse*, 17 décembre 1841.)

Mme Gallemant, née Defemont, aïeule de M. Lebret, régisseur gérant de la compagnie des mines d'Anzin, est décédée à Anzin, le 23 janvier 1842, dans sa 100ᵉ année. Cette dame, qui s'est éteinte sans douleur et sans agonie, était arrivée à ce grand âge sans infirmités, et avait conservé jusqu'à ses derniers jours une grande vivacité d'esprit. (*Echo de la frontière.*)

Il vient de mourir à Blamont (Doubs) un vieillard âgé de 105 ans, 7 mois et 24 jours, nommé Lamant (Pierre-Frédéric), horloger. Cet homme, grand fumeur, a joui toute sa vie d'une bonne santé; il est mort sans souffrance. Une demi-heure avant son décès, il avait encore fumé sa pipe de tabac. (*L'Impartial de Besançon.*)

Daniel Constanti, de Salles-Mongiscard (Basses-Pyrénées), vient de mourir le 17 février 1842, à l'âge de 100 ans accomplis. Il avait conservé jusqu'à son déclin la plénitude de ses forces et jouait encore aux quilles, il y a peu de temps, avec les jeunes gens de son village. (*Moniteur universel.*)

La commune de Dommartin, près Pontarlier (Doubs), vient de fournir un cas remarquable de longévité. Marie-Antoinette Bourdin, veuve Saillard, née aux Granges Narboz, y est décédée en février dernier dans sa 100ᵉ année. Douée d'une constitution vigoureuse, elle a conservé toutes ses facultés intellectuelles et sa gaieté naturelle jusqu'à ses derniers momens, où elle est arrivée sans aucune infirmité que la privation de la vue depuis quelques années. Cette femme, vivant dans une honnête aisance, ajoutait à ses alimens un usage fréquent, mais sans excès, de vin, de café et de liqueurs. (*Impartial de Besançon.*)

Cantal.—Mauriac, 6 mars.

Une centenaire de Saint-Martin-Valmeroux vient de mourir à 110 ans. Depuis 30 ans, elle avait perdu l'habitude de se mettre au lit; néanmoins, la veille de son décès, elle a trouvé assez de force pour asséner un coup de bâton sur le front de sa fille aînée, âgée de 72 ans. (*Presse*, 13 mars 1842.)

Après avoir parlé des centenaires décédés jusqu'à ce jour, passons à ceux existant au 1er janvier 1842. La nomenclature suivante en contient une trentaine. C'est le cinquième, environ, du nombre de ceux qu'on suppose exister actuellement en France.

Liste de quelques centenaires existant en France, au 1er janvier 1842.

MM. Typhon, demeurant à Angoulême, département de la Charente-Inférieure, âgé de 100 ans.

Jollivet, demeurant à Guéret, département de la Creuse, âgé de 100 ans. (Sa femme et lui réunissent près de 2 siècles.)

Mme Lecointe, demeurant à Sempey, département du Pas-de-Calais, âgée de 100 ans.

MM. Labessonille (Jean-Noël), demeurant à Jussac, département du Cantal, âgé de 101 ans.

Ducasse (Jean), né le 31 mai 1741, demeurant à Dax, département des Landes, âgé de 101 ans.

Fleury (Edme), né le 17 octobre 1741, demeurant au hameau de la Maine, commune de Juilly (Yonne), âgé de 101 ans.

Mme Desrofaix, veuve Laurent (en secondes noces), née le 26 avril 1741, à Rofaix, section de Virlet, canton de Montaigut, demeurant à Vignol, commune de Durmognat, département du Puy-de-Dôme, âgée de 101 ans.

Thibaut (Charles), né en avril 1740, à Epinal, département des Vosges, demeurant à Festubert, département du Pas-de-Calais, âgé de 102 ans.

MM. Couffin (Antoine), demeurant à Saint-Cernin, département du Cantal, âgé de 102 ans.

Ce village est remarquable par la longévité de ses habitans : en 1834, y existait M. Beaufils Géraud alors âgé de 109 ans (on ignore s'il vit encore), et c'est là qu'est décédé, en 1840, Antoine Delpuech, à l'âge de 120 ans.

Supet, demeurant à La Rochelle, département de la Charente-Inférieure, âgé de 102 ans.

En 1841, M. Supet est venu à Paris toucher lui-même une gratification qui lui avait été accordée par M. le ministre de l'intérieur.

Il existe dans la commune de Port-Dieu, près Bort, département de la Corrèze, un couple extraordinaire par sa longévité : le mari a 102 ans, la femme 103 ans, et ils sont unis depuis plus de 81 ans.

Mmes Chantounier, demeurant à Haute-Fage, département de la Corrèze, âgée de 102 ans.

Laporte, Jeanne d'Espagné, née le 11 janvier 1740, demeurant à Bordeaux, département de la Gironde, âgée de 102 ans.

Pernet, demeurant à Joche, département de la Marne, âgée de 102 ans.

Il existe à Verdun un vieillard âgé de 102 ans et qui n'a rien perdu de ses facultés mentales. Ses forces lui permettent encore de se promener tous les jours et souvent même de fendre et de scier son bois.

Il doit cette vigueur, si rare à l'âge auquel il est parvenu, à des habitudes régulières et à une tempérance qui ne s'est jamais démentie. Ce beau vieillard, marié et père de famille, est petit et maigre; mais il se tient parfaitement droit et, en le voyant, on ne le croirait pas âgé de plus de 80 ans.

Beurre (Charles-Lucien), né à Figuères, canton de Montdidier, département de la Somme, résidant actuellement à Amiens, et âgé de 103 ans.

Lasserre, née le 11 mars 1739, demeurant à Villeneuve, département de Lot-et-Garonne, âgée de 103 ans.

Bordenave, née en avril 1739, demeurant à Pau, département des Basses-Pyrénées, âgée de 103 ans.

Lamic (Marie), née et domiciliée à Palmas, département de l'Aveyron, âgée de 104 ans.

Ve Kahn (née Minette Schwartz), demeurant à Riedseltz, canton de Wissembourg, département du Bas-Rhin, âgée de 104 ans.

M. Albert (Jacques), né le 1er mai 1737, demeurant à Castres, département du Tarn, âgé de 105 ans.

Mme Gastereguy, née le 4 janvier 1737, demeurant à Arone, département des Basses-Pyrénées, âgée de 105 ans.

Mlle Noudenot (Jeanne), née le 28 février 1737, demeurant à Beaumarchais, département du Gers, âgée de 105 ans.

M. Guironsat, né le 10 novembre 1735, demeurant à Beyrie, département des Basses-Pyrénées, âgé de 106 ans.

Le département de la Meurthe offre en ce moment un exemple remarquable de longévité.

Dans une de ses communes vit un vieillard âgé de 106 ans, qui jouit de toutes ses facultés et d'une santé parfaite. (*Moniteur universel* du 22 octobre 1841.)

Mme veuve Bérard (née Desous-Taurine), née, le 27 mars 1735, à Gigny, département du Jura, demeurant à Treffort, département de l'Ain, âgée de 107 ans.

On écrit de Triel (Seine-et-Oise) :

Notre beau pont a été dernièrement l'objet d'une visite aussi rare qu'intéressante :

Mme Mongolfier, âgée de 107 ans, et veuve d'un des frères Mongolfier, les célèbres inventeurs des aérostats, a voulu visiter le pont construit par

MM. Seguin, ses petits-fils. Cette dame, aussi respectable par ses qualités personnelles que par son grand âge, a fait cette promenade à pied, et sans paraître éprouver la moindre fatigue. (*Le Siècle*, 7 novembre 1841.)

La dame Meillant (Jeanne), née Guyonnet, demeurant au village de Labrosse, commune de Saint-Romain, canton de Saint-Just-en-Chevalet, département de la Loire, née dans le courant de mars 1732, et âgée de 110 ans.

Le doyen des Français est M. des Quersonnières, né, le 28 février 1728, à Valenciennes, département du Nord, et âgé de 114 ans.

Il habite Paris. Je n'indiquerai pas autrement son domicile, afin de lui épargner des visites indiscrètes, quoique bien excusables.

La première fois que j'eus l'honneur de lui être présenté, je m'attendais à trouver en M. le chevalier Noël des Quersonnières un *senex strigosissimus.* Qu'on juge de ma surprise! en voyant un vieillard bien conservé, paraissant à peine avoir 60 ans, d'un physique agréable, plein et uni. Non-seulement il n'a pas d'infirmités, mais pas même d'incommodités; on ne peut découvrir en lui la moindre trace de surdité; sa main est tellement sûre qu'il se rase encore lui-même, et sa vue si bonne, qu'il lit et écrit sans lunettes.

Le suc gastrique paraît être aussi abondant chez cet étonnant vieillard que chez l'adulte le plus vigoureux : deux kilogrammes (quatre livres) de pain lui sont journellement nécessaires. Il fait trois ou quatre repas, la nature et la qualité des alimens lui étant d'ailleurs indifférentes. Le soir, vers huit heures, il prend une tasse de thé très sucré, et fait ensuite, d'un sommeil calme et tranquille, le tour du cadran. Jamais, dans la saison la plus rigoureuse, sa chambre à coucher ni son lit ne sont chauffés, sa chaleur naturelle paraissant, dit-il, suffisante.

M. des Quersonnières a la voix sonore et vibrante. Il chante encore agréablement, et sans chevroter, des ariettes fort spirituelles de sa composition. Sa taille est moyenne; mais la vigueur de sa constitution est telle qu'à l'âge de 90 ans il a épousé une jeune Anglaise de 16 ans, morte en couches et lui laissant un fils.

L'unique soin qu'il prenne de sa santé est de se *musser*, à la manière des Orientaux.

Sa mémoire, aussi locale que prodigieuse, date d'un siècle; c'est l'histoire vivante. Aussi je laisse à apprécier le charme de la conversation de M. des Quersonnières. Lorsque le sujet dont il parle excite son intérêt, sa voix s'anime, son visage se colore, et son œil vif et noir lance l'éclair.

Né sous la minorité de Louis XV, il semble même appartenir au grand siècle par l'urbanité exquise de sa politesse et de ses manières. Il est toujours sensible aux charmes du beau sexe.

Si, d'une part, la santé de M. des Quersonnières est inaltérable, de l'autre ses facultés intellectuelles sont entières : son instruction, variée et profonde, excite l'étonnement et l'admiration; il parle avec une égale facilité la langue de Cicéron et celle de Voltaire, et même il cultive encore la poésie avec succès.

Philosophe stoïcien, M. des Quersonnières ne craint ni ne désire la mort ; mais il l'entrevoit dans un avenir plus ou moins lointain, et comme le but inévitable que l'homme doit atteindre. Il dit quelquefois : « Ma famille descend des Mathusalem ; il « faut nous tuer pour que nous cessions de vivre. « Mon aïeule maternelle a péri accidentellement à « l'âge de 125 ans. » Puis il ajoute en souriant : « Et moi, je vous invite à mes funérailles pour.... « le siècle prochain. »

M. des Quersonnières fait rarement usage de voitures publiques. Or, un jour de l'année 1840, abandonnant les hauteurs où il s'est retiré, et descendu pédestrement à Paris, il fit une chute près le palais des Tuileries. Un homme du peuple, à forte stature, et comme il s'en trouve toujours là où il y a une bonne action à faire, s'empressa de le relever. Meurtri et reprenant ses sens, M. des Quersonnières lui dit avec bonté : « Merci, mon « ami; vous venez de secourir un vieillard de cent « onze ans. — Est-il possible? Ah! monsieur, où « voulez-vous que je vous porte? » simples et admirables paroles, souvent répétées par le vieillard reconnaissant.

Enfin, à travers mille anecdotes appartenant au

dix-huitième siècle, et stéréotypées dans la mémoire de M. des Quersonnières, on ne peut, sans
un sentiment inexprimable, l'entendre narrer d'une
voix grave et lente le fait suivant :

« En 1750, passant un jour sur le Pont-Neuf, je
« fus arrêté par un équipage éblouissant, auquel
« chacun s'empressait de livrer passage : c'était
« celui de madame de Pompadour.... Lorsqu'il
« eut traversé le pont, un plaisant se prit à dire :
« Maintenant, je réponds de la solidité de ce mo-
« nument. — Et pourquoi? répartit un inconnu.
« — Parce qu'il vient de porter le plus grand far-
« deau de la France, et qu'il ne s'est pas écroulé.
« — Soudain l'homme au bon mot fut entouré,
« saisi, conduit à la Bastille, et jamais on n'entendit
« parler de lui. »

Les centenaires viennent de recevoir, dans la
personne d'un Helvétien, un nouvel hommage public de la part d'un souverain étranger. On lit, en
effet, dans la *Gazette de Magdebourg*, l'article suivant sous la rubrique de Leipsik :

« Un vieillard âgé de 119 ans est arrivé dans notre ville, venant de Russie. C'est un allemand né
près de Fribourg, sur l'Unstruts. A l'âge de 19 ans,
il quitta l'Allemagne et, après s'être établi en qualité de serrurier à Saint-Pétersbourg, il entra dans
une fabrique d'armes et y resta jusque dans ces
derniers temps. Informé de ces particularités,
S. M. l'empereur de Russie, fit prier ce vénérable
patriarche de passer au palais, et lui offrit telle

faveur qu'il lui plairait de solliciter. Le vieillard demanda la faculté de retourner dans sa patrie. L'empereur accéda à son désir, et mit à sa disposition une voiture. Un médecin reçut, en outre, l'ordre de l'accompagner. Il n'est resté dans notre ville que quelques heures, car il lui tardait de revoir son village natal. (La *Presse* du 5 et le *Moniteur universel* du 6 avril 1842.)

La cérémonie du lavement des pieds aux vieillards les plus âgés s'est renouvelée à la cour de Vienne le jeudi saint de cette année, et on y comptait deux centenaires. (*Journal des Débats.*)

PARIS.

Sous le rapport de la population, cette ville ne tient que le troisième rang ; Pékin ayant 1,700,000 habitans, Londres 1,625,000, et Paris 909,126 seulement, d'après le dénombrement de 1836.

Je dois dire, d'abord, que les cas de vieillesse phénoménale au-delà de 120 ans y sont extrêmement rares, Marie-Anne, veuve Legrand, décédée à Paris en 1741, à l'âge de 134 ans, ayant offert le terme extrême qu'aucun habitant n'a dépassé jusqu'à présent.

Ainsi, prenant l'âge de 100 ans comme point de départ, je citerai les exemples les plus remarquables observés depuis le commencement du 18ᵉ siècle jusqu'à ce jour.

En 1705, Claudine de Mons, veuve de Réné

Souchu de Rennefort, trésorier général des ponts-et-chaussées de France et des gardes du corps, meurt, à Paris, dans la 100e année de son âge. Ce Réné Souchu de Rennefort était fils du voyageur Adrien Souchu de Rennefort, auteur d'une *Histoire des Indes-Orientales*, publiée à Leyde en 1688.

M. Lefèvre de Lézeau, mort à Paris en 1715, et oncle de M. Lefèvre d'Ormesson, assistait encore aux conseils des ministres du roi, à l'âge de 100 ans passés. (De Longueville Harcouet.)

Le 19 juin 1716, Corbinelli, d'origine italienne et l'un des beaux esprits de France, meurt, à Paris, âgé de plus de 100 ans. (M. Ladvocat.)

Le 25 avril 1728, Mathieu Toquiny, frère convers de l'abbaye de Saint-Germain-des-Prés, à Paris, y meurt âgé de 100 ans accomplis. (*Journal de Verdun*, pag. 452.)

J'emprunte à la *Biographie universelle*, avec l'autorisation de M. Michaud, l'article suivant :

Delorme (Marion), naquit, suivant Dreux du Radier, en 1612, d'une famille bourgeoise de Châlons en Champagne. Elle fut, à ce qu'on croit, la maîtresse de Desbarreaux ; il est certain, du moins, qu'elle fut celle de Cinq-Mars, qu'on appelait, comme on sait, Monsieur le Grand. On appela Marion Madame la Grande ; on alla même jusqu'à dire qu'elle était mariée secrètement avec Cinq-Mars : « Elle fut accusée, dit encore Dreux du Radier, de «rapt, de séduction et d'avoir contracté par cette

« voie un mariage clandestin et prohibé. » C'était à la sollicitation de Richelieu, rival malheureux de Cinq-Mars, que la maréchale d'Effiat, mère de ce dernier, s'était portée accusatrice de Marion, et elle n'eut pas de peine à obtenir un arrêt qui défendait aux parties de se voir. Ce fut le terme de l'intrigue de Cinq-Mars avec Marion, qui n'attendit pas la mort de son amant pour se livrer à de jeunes seigneurs. Sa maison devint le rendez-vous des jeunes gens de la cour; elle accorda successivement ses faveurs à Particelly, surintendant des finances, et se fit appeler Madame la surintendante; au duc de Brissac, au chevalier de Grammont, à Saint-Evremont, etc. Elle était liée avec Ninon, et partageait avec elle les suffrages de tout ce que Paris et la cour avaient de plus spirituel et de plus aimable.

Du temps de la Fronde, la maison de Marion devint le rendez-vous des émissaires des princes mécontens. Elle apprit, en janvier 1750, l'arrestation des princes de Condé et de Conti, du duc de Longueville et qu'elle était sur le point d'être arrêtée aussi; mais elle était alors très malade ou feignit de l'être, et, au mois de janvier suivant, le bruit de sa mort se répandit. Loret en parle ainsi dans sa *Muse historique* (2 juillet 1650) :

> La pauvre Marion Delorme,
> De si rare et plaisante forme,
> A laissé ravir au tombeau
> Son corps si charmant et si beau.

On prétend que ce fut Marion Delorme, elle-même, qui fit courir le bruit de sa mort; on dit qu'elle vit de sa fenêtre passer son convoi.

Ici commence une nouvelle vie de Marion Delorme ; le jour même de son convoi elle partit pour l'Angleterre, y épousa un riche lord, devint veuve, et revint en France avec une somme de 100,000 francs que lui avait laissée son mari. Mais sur la route de Paris, près de Dunkerque suivant les uns, près de Louvain suivant les autres, elle fut attaquée par des voleurs. Le chef de la bande, la trouvant à son gré, la prit pour sa femme et la laissa veuve au bout de quatre ans.

Marion Delorme revint en France et y épousa, dit Laborde, un procureur fiscal de Giez en Franche-Comté, nommé Lebrun. Après 17 ans de mariage, des affaires les amenèrent à Paris et les y retinrent 5 ans. Marion Delorme y perdit encore son mari. A l'âge de 81 ans, elle se trouvait à la merci de deux domestiques, qui bientôt la firent aller demeurer au Marais, puis la volèrent et disparurent.

Lors de son retour à Paris, elle était allée en 1682 à Versailles, avait rencontré Ninon de Lenclos dans la galerie, l'avait reconnue mais n'en avait pas été reconnue. Dans la détresse où Marion Delorme se trouva après le vol de ses domestiques, elle imagina cependant de recourir à Ninon, un voisin se chargea de la commission, mais il revint bientôt annoncer que Ninon venait d'expirer (en 1706). Cette nouvelle abrégea les jours de Marion Delorme, que quelques personnes font cependant vivre jusqu'en 1741. C'est cette dernière opinion qu'a embrassée Benjamin de Laborde, dans sa *lettre* de Marion Delorme, aux auteurs du *Journal de Paris*.

Laborde fait naître Marion Delorme à Balhéram, en Franche-Comté, le 5 mars 1606, et l'appelle Marie-Anne-Oudette Grappin. Il s'appuie sur un extrait mortuaire qu'il rapporte, mais qu'il altère. J'ai vu de mes yeux les registres de la paroisse Saint-Paul, de 1741; ils contiennent en effet l'extrait mortuaire de Anne-Oudette Grappin, veuve en troisièmes noces de Lebrun, et âgée de 134 ans. L'un des témoins de l'acte est un des petits cousins de la défunte; l'acte de baptême est relaté dans l'acte mortuaire et transcrit à la fin du registre, et le nom de Marie ne se trouve ni dans l'acte mortuaire, ni dans la copie de l'extrait baptistaire.

Toutefois, il est certain que, le 5 janvier 1741, mourut à Paris une femme âgée de 134 ans et 10 mois; mais il est permis de douter que ce fut Marion Delorme. (*Biographie universelle ancienne et moderne*, tom. 11, pag. 19; Paris, 1814, Michaud.)

En mars 1748, Anne-Marie Lebel de Moronval, religieuse de Sainte-Élisabeth du Temple, à Paris, meurt en ce monastère à l'âge de 100 ans. (Lottin, 1760, tom. 1, pag. 13.)

Le 19 mai 1751, Marie-Anne David de la Pleigné, veuve de Joseph Dubois, conseiller d'État et secrétaire du cabinet du roi, meurt à Paris, dans sa 100ᵉ année. (*A. de P.*, feuille du 26 mai.)

Le centenaire dont le nom suit jouissant encore aujourd'hui d'une assez grande célébrité, on ne lira pas sans intérêt une courte biographie de sa vie. Je l'ai puisée dans la galerie historique des hommes les plus célèbres de tous les siècles et de toutes les nations.

Cet ouvrage, où sont compris 1000 à 1100 personnages, compte à peine 3 ou 4 centenaires.

Fontenelle naquit à Rouen, en 1657. Son père était avocat, et sa mère sœur du grand Corneille.

Dès l'âge de 13 ans, il s'était déjà fait connaître par des productions ingénieuses, et il en avait 17 quand il vint à Paris. Vers ce temps Racine, déterminé par les dégoûts que lui avait suscités la cabale formée contre lui, venait de renoncer au théâtre. On espérait que le neveu de Corneille, déjà précédé par sa réputation, et auteur de deux opéras qu'on avait attribués à son oncle, ferait oublier celui à qui on avait osé opposer Pradon. Cette attente fut trompée. La tragédie d'*Aspar* n'eut aucun succès, et Fontenelle la jeta au feu. Mais bientôt ses *Dialogues des morts*, ses *Entretiens sur la pluralité des mondes*, l'*Histoire des oracles*, ses *Pastorales*, des *Fables*, d'autres morceaux de poésie et de littérature, fixèrent l'attention des amis des lettres. On admira, dans ces divers ouvrages, l'art délicat avec lequel ils étaient combinés, le badinage le plus léger et la philoso-

phie la plus profonde, les traits de la plaisanterie
la plus enjouée et ceux de la morale la plus inté-
rieure, les grâces de l'imagination et les résultats
de la réflexion

Ainsi se manifestait celui qui, par l'attrait sédui-
sant de son style, devait donner à la science une
sorte de popularité. Peut-être trouva-t-on trop
de recherches dans ses pensées, un soin de les pa-
rer qui va jusqu'à l'afféterie, et une finesse d'idées
qui approche quelquefois de la subtilité. « Mais s'il
« répandit trop d'ornemens, dit Voltaire, c'était de
« ces moissons abondantes dans lesquelles les
« fleurs croissent naturellement avec les épis. » Ces
défauts qu'il sut, comme Senèque, rendre en quelque sorte agréables, purent justifier la constance
avec laquelle Racine et Boileau, si sévères en matière de goût, s'opposèrent, tant qu'ils vécurent, à
son admission à l'Académie française. Mais, sans
doute, aux yeux de ces zélateurs ardens de l'antiquité, le plus grand tort de Fontenelle avait été de
se ranger du parti de son ami Lamothe, dans la
célèbre dispute sur les anciens et les modernes.
On pourrait comparer Fontenelle à ces terres heureusement situées et qui portent toutes les espèces
de fruits. Admis à l'Académie des sciences, il en fut
nommé secrétaire, en 1699. Il commença dèslors
les Mémoires de cette Académie, ouvrage immor-
tel dont la préface seule eût suffi pour le faire regarder comme un écrivain du premier ordre. Ensuite parurent successivement ses *Éloges,* qui ont

sauvé tant de noms de l'oubli, en les attachant au sien et qui passent, à juste titre, pour son chef-d'œuvre. Toutes les académies, alors, se faisaient un honneur de le posséder au milieu d'elles, et sa gloire, qui n'était plus contestée, avait imposé silence à la prévention et à l'envie. Peu d'hommes en ont joui aussi longtemps ; peu ont fourni une carrière aussi paisible et aussi heureuse. La modération, une sorte d'insouciance raisonnée et l'amour du repos, paraissent avoir été le fond de son caractère. Il connaissait les passions et sut s'en garantir. Depuis longtemps on a repoussé les injustes inculpations d'égoïsme et d'insensibilité dont quelques auteurs ont voulu charger sa mémoire.

Il mourut le 9 janvier 1757, avec le calme et la sécurité dont il avait joui toute sa vie. Il était âgé de 100 ans, moins quelques semaines. Un plaisant, voyant passer son convoi, se prit à dire : « C'est la « première fois que M. de Fontenelle sort de chez « lui pour ne pas aller dîner en ville.»

Le fait suivant peut se rattacher à la biographie de Bernard le Bouyer de Fontenelle :

Le 9 janvier 1759, on transmit à Sigaud de Lafond une note relative à une dame nommé Lullin qui, la veille, avait eu 100 ans accomplis et avait reçu ce jour-là un bouquet de M. de Voltaire, avec le quatrain suivant encadré dans une couronne de fleurs très bien peintes :

Nos grand-pères vous virent belle,
Par votre esprit vous plaisez à cent ans,

Vous méritiez d'épouser Fontenelle
Et d'être sa veuve longtemps.

(*Dictionnaire des merveilles de la nature*, tom. 2, p. 467.)

Le 15 janvier 1763, meurt à Paris M. Jean Constant, âgé de 113 ans, 7 mois et 11 jours, étant né le 4 juin 1649, près Colmar, en Alsace.

Il était d'une taille élevée, se tenait très droit et avait un physique agréable.

Il ne se rappelait pas avoir jamais fait d'excès en aucun genre; mais il était grand mangeur de fruits et particulièrement de melon.

Il se levait tous les jours une heure avant le soleil, faisait de longues promenades et buvait ordinairement deux pintes de vin par jour. Il redoutait beaucoup l'humidité et prenait de grandes précautions pour s'en garantir.

Entré au service, en 1761, dans le régiment de la vieille-marine, il consacra 25 années de sa vie à la défense du pays et reçut 22 blessures. Il s'était trouvé à la bataille de Senef en Flandres, donnée le 11 août 1674, entre le prince d'Orange et le prince de Condé, affaire sanglante où 27,000 hommes furent inhumés dans un rayon de deux lieues. Il fit, en 1697, sa dernière campagne au siège de Barcelonne commandé par le duc de Vendôme et qui dura 52 jours. Enfin, il se retira du service après être parvenu au grade de lieutenant.

Marié deux fois, sa première femme ne lui laissa pas d'enfans; mais la seconde qui était une demoiselle de condition, originaire du Languedoc, lui donna 3 filles.

Il demeurait au Temple d'où il allait, plusieurs fois la semaine, entendre la messe aux Vieux-Augustins de la place des Victoires.

Il n'avait d'autre infirmité qu'un peu de dureté dans l'ouïe, et souffrait quelquefois de ses blessures.

A son décès, le prince de Conti se chargea du soin de ses funérailles : elles eurent lieu avec toute la pompe religieuse entourée du déploiement de l'appareil militaire et une grande magnificence. (Lottin. *Almanach de la vieill.*, 1763, tom. 2, pag. 45-46; *Mercure de Fr.*, 1763, pag. 16; Sigaud de Lafond, tom. 2.)

La plupart des détails relatifs à ce centenaire furent donnés par lui-même à M. Lamothe, médecin, et l'un des rédacteurs de l'*Almanach de la vieillesse*.

D'après un état dressé par M. Languet, curé de Saint-Sulpice, et contenant la liste des individus décédés de 1715 à 1744, sur 48,540 personnes mortes pendant cette période trentenaire, sur la circonscription de cette paroisse, on en a trouvé 22 âgées de 100 ans et au-delà, dont 5 hommes veufs et 17 filles ou femmes. (De Parcieux. *Essai sur les probabilités de la longévité*, pag. 97.)

Le 1er avril 1716, Philippe Herbelot meurt à Paris, à l'âge de 115 ans.

Il était né le 1er janvier 1602, à Doulevant, près

Joinville en Champagne, et exerçait la profession de sellier.

En 1714 il présenta, pour la dernière fois, au château de Marly, un bouquet à Louis XIV à l'occasion de la fête de ce souverain dont il recevait une pension comme centenaire. Le monarque lui ayant demandé comment il avait fait pour arriver à un âge aussi avancé (il avait alors 114 ans), «Sire, « répondit le malicieux vieillard, dès l'âge de 50 ans « j'ai fermé mon cœur et ouvert ma cave. »

Le père d'Herbelot avait vécu 113 ans et son aïeul 112. (Verdun, 1716, juin, pag. 434.)

Le 1ᵉʳ novembre 1761, Didier de la Morlette décède à Paris, rue de la Verrerie, paroisse Saint-Méry, à l'âge de 101 ans.

Il était né en 1660, à Saint-Vricourt près Clermont. Dans sa jeunesse, il avait été carabinier sous Louis XIV. Il finit sans avoir jamais été malade. (Lottin, 1762.)

Anne Le Roux, morte à 120 ans. (*Voir* la 2ᵉ partie.)

Le 22 octobre 1764, Hector Joachim Lafond, né en Lorraine, meurt à 105 ans, à Paris, rue de la Grande-Truanderie, paroisse Saint-Eustache, où il fut inhumé.

Ce vieillard avait été maître d'hôtel chez M. de Montesson qui lui faisait une pension à cause de sa probité, de ses services et de son grand âge.

A 80 ans il épousa une fille née à Claye et âgée de 40 ans. Il la laissa veuve avec deux enfans qu'il avait eus d'elle, quoiqu'il fût âgé de plus de 90 ans.

Il sortait tous les jours à pied pour aller entendre la messe à sa paroisse. Sa mémoire s'était parfaitement conservée. Dans les dernières années de sa vie, il était sujet à la fièvre ; mais elle ne servait, disait-il, qu'à manger ses humeurs.

Il ne se mit au lit que 15 jours avant son décès, et s'éteignit plutôt qu'il ne mourut. (*Almanach des centenaires,* pag. 38, 1765.)

Le 15 mars 1768, Jeanne du Sac, veuve de Charles Boucher, maître relieur doreur, meurt âgée de 100 ans, sans avoir été malade, rue de la Huchette, à Paris. (*Id.,* 1770, pag. 3.)

Suivant les *Petites affiches* de l'année 1768, il mourut à Paris, dans le courant de cette année, 4 centenaires dont le plus âgé comptait 105 ans. (*Affiches de Paris,* 2 janvier 1769.)

En 1769, on compta 13 personnes, depuis 90 jusqu'à 100 ans et au-delà. (*Id.,* 1770, pag. 32.)

Et parmi 22, 434 personnes décédées en cette ville, depuis le 10 décembre 1769 jusqu'au 11 décembre 1770, il s'en trouva 56 âgées de 90 à 102 ans. (*Gazette de France,* 1771, pag. 3, 4 février.)

Le chevalier Tape-cu, mort à Paris en 1802 ou 1803, à l'âge de 117 ou 118 ans.

On nommait ainsi un vieux chevalier de Saint-Louis que l'on a vu, sous le consulat, se promener habituellement sur les quais Voltaire et Malaquais. Voici l'origine du sobriquet ridicule qui lui avait été donné; la seule appellation, d'ailleurs, sous laquelle il fût connu :

Lorsqu'une personne du sexe passait près de lui, elle recevait ordinairement, du plat de la main, deux ou trois légers coups sur la partie opposée à l'abdomen et que les dames cherchent à faire paraître encore plus rebondie que la nature ne l'a voulu. Les femmes qui ne connaissaient pas le chevalier, révoltées à juste titre, de cette indécente familiarité, l'apostrophaient plus ou moins vivement, malgré son grand âge; mais à toutes il répondait imperturbablement : « Allez, allez,... vous direz « que c'est un homme de 117 ans qui s'est per- « mis cela, et on le lui pardonnera.» (Témoins oculaires.)

Le 25 août 1822, à l'occasion de l'inauguration de la statue équestre de Louis XIV sur la place des Victoires, le doyen de l'armée française, Pierre Huet, avait été placé sur un fauteuil en avant de la statue. Là, il semblait représenter le siècle entier. Il était entouré de militaires invalides qui, déjà chargés d'années, étaient cependant séparés de lui par plusieurs générations. Tous les regards étaient fixés sur ce soldat vénérable. Le préfet du département de la Seine, comte Chabrol de Volvic, s'est approché de lui, et, en lui remettant la croix d'honneur, au nom de Louis XVIII, il lui a adressé les paroles suivantes :

« Contemporain de Louis XIV, recevez ce « signe de l'honneur! Le roi décore en vous le « doyen des soldats français. Né sujet du grand « roi, vous avez vu les générations se succéder,

« vous êtes témoins que son règne comme sa gloire
« sont immortels !»

Le vieillard a répondu par les témoignages de
sa reconnaissance et de la sensibilité dont le pénétrait une circonstance si glorieuse, dans une vie
marquée par de si longs jours. Il s'est ensuite
levé, a traversé la place d'un pas ferme et s'est approché de l'enceinte où se trouvaient les ministres
et les maréchaux de France dont il a reçu les féli-
citations et auxquels il a dit : « Mes fils, mes chers
« fils, vivez longtemps, vivez aussi longtemps que
« moi pour aimer et servir la France.»

L'attendrissement était général. Lorsque ce vieillard s'est retiré, il a été reconduit dans une chaise
à porteur, entouré d'une escorte de vétérans. La
foule, s'écartant avec respect, contemplait les traits
de ce guerrier séculaire qui ont conservé un grand
caractère, une noble régularité et une belle expression.

Pierre Huet avait, en effet, conservé toutes ses
facultés : il portait une longue barbe blanche, sa
figure était vénérable, sa voix forte et sonore, et sa
conversation souvent pleine de charmes.

Il avait servi dans Royal-cavalerie pendant six
ans, et dans la marine pendant 15 ou 18 ans. Il
portait, à la cérémonie de l'inauguration, l'uniforme de son ancien régiment Royal-cavalerie.

A cette occasion, la ville de Paris lui accorda
une pension de 1,200 francs, ainsi qu'à un brave
invalide âgé de 102 ans, et qui était venu à pied,

de l'Hôtel, pour assister à cette cérémonie. (*Moniteur*, 24 et 25 août 1822.)

Pierre Huet habitait Paris, et j'ai dû répéter ici avec plus de détails le fait qui le concerne et qui avait déjà trouvé place dans l'*Introduction*, à l'occasion des honneurs rendus, à diverses époques, aux centenaires morts ou vivans.

La capitale renferme des établissemens, tels que les hospices et les Invalides, où l'on trouve des centenaires.

L'état suivant indique ceux décédés dans les hospices, depuis la fondation de ces établissemens jusqu'au 1er janvier 1839 :

NOMS des établissemens.	NOMS des individus.	AGE.	DATE du décès.	DATE de l'entrée.
Vieillesse (hommes) ou Bicêtre........	Ballivey (Charles)	108	3 oct. 1825.	30 nov.1796.
	Avoie Tainer.........	102	15 avr. 1718.	»
	Degroue (Jacqueline)..	100	9 mai 1718.	»
	Guillemard.	100	13 fév. 1719.	»
	Charlotte (Marie)......	102	22 av. 1719.	»
	Leleu (Marie)........	100	14 déc.1719.	»
	Compès (Suzanne). ...	101	18 fév. 1722.	juin 1718.
La Vieillesse (femmes) ou la Salpétrière..........	Delachartre..........	100	31 juil. 1723	8 mars 1723.
	Hannequin...........	107	26 nov.1723	8 nov. 1732.
	Leflot.	100	7 mars 1724.	4 oct. 1723.
	Richard.............	100	20 oct. 1750.	7 nov. 1747.
	Chatellier.	100	20 avr.1754.	13 juil.1753.
	Bigaye..............	100	25 mars1773	5 mars 1723.
	Besson..............	100	26 mars1774	12 nov.1762.
	Badot.l.............	100	23 août 1781	25 juil. 1781
	Delva lé.............	102	9 août 1835.	16 sept.1833
Les Ménages......	Thomassin (Jean-Baptiste.............	101	27 mai 1819.	22 fév. 1802.
	Riffaut (Marie).......	101	28 mars1821	6 oct. 1814.

Cet état m'a été adressé, en 1839, par feu

M. Desportes, administrateur des hospices de la
1re division. On peut donc le regarder comme offi-
ciel. Le plus ou moins d'ancienneté de ces trois
hospices explique d'ailleurs la disproportion que
l'on remarque entre le nombre des centenaires
décédés dans chacun d'eux.

J'ajouterai à cette nomenclature le nommé Dufau,
décédé, en 1835, à l'hospice de Larochefoucauld,
commune de Montrouge, banlieue de Paris, à l'âge
de 101 ans.

Il était né, en 1734, près Montauban, département de Tarn-et-Garonne. Il avait fait, en 1756,
la campagne du Port-Mahon, sous le maréchal de
Richelieu. Jusqu'à ses derniers momens, il n'avait
éprouvé aucune des infirmités ordinaires à la
vieillesse.

En ce qui concerne l'Hôtel royal des Invalides,
le très petit nombre des centenaires qui y sont
décédés, depuis sa fondation jusqu'à nos jours,
tient à ce que la plupart des militaires invalides
préfèrent toucher en numéraire la somme repré-
sentative de la pension attachée à ce titre, et aller
vivre dans leur pays, où ils peuvent encore se livrer
à quelque profession, et qu'il ne reste à l'Hôtel
que ceux dénués de tout autre moyen d'existence,
ou dont les infirmités ne leur permettent l'exercice
d'aucune industrie.

Ainsi, mes citations se borneront à deux ou trois
exemples :

Le 9 janvier 1768, Philibert Billot, dit *du Châ-*

teau, meurt à l'Hôtel dans la 103ᵉ année de son âge. Après plusieurs années de service dans le régiment de cavalerie de Villars et dans celui de Tournaisis infanterie; il s'engagea de nouveau, à l'âge de 75 ans, dans celui de Lavieuville cavalerie, où il resta jusqu'à la paix d'Aix-la-Chapelle.

Le 8 juillet 1767, il demanda et obtint la permission de se retirer, avec la pension de l'Hôtel, chez sa fille, rue Saint-Jacques. Quoique centenaire, son occupation habituelle était de travailler au déchargement des bois sur le port; car, le 10 décembre 1767, il y fut saisi par le froid, et transporté mourant à l'Hôtel où il vécut cependant encore près d'un mois.

Le 24 janvier 1768, Terrine (Jean-Baptiste), reçu à l'Hôtel en 1711, y meurt âgé de 104 ans. Il avait servi pendant trois ans dans le régiment de Vaubecourt, et pendant vingt-quatre ans dans celui des gardes-françaises. Admis aux Invalides, par suite de blessures, il y resta jusqu'à son décès.

Le 6 mai 1771, il se trouvait à l'Hôtel un soldat âgé de 102 ans. (*Gazette de France* 1771, pag. 144.)

Le 25 août 1822 existait aussi, à l'Hôtel, un invalide également âgé de 102 ans. On trouve la preuve de ce fait dans les lignes suivantes, extraites du *Moniteur universel* de ce jour :

« L'attendrissement était général, lorsque le vieillard (Pierre Huet), âgé de 117 ans, s'est retiré, etc. La ville de Paris lui a assigné une pension de 1,200 francs, ainsi qu'à un brave invalide âgé de 102 ans, et qui est venu à pied assister à la cérémonie. »

Voir la relation de l'inauguration de la statue équestre de Louis XIV sur la place des Victoires, et des honneurs rendus au centenaire Huet.

Jean Prévost, petit vieillard que l'on voyait, il y a peu d'années encore, se promener habituellement sur le boulevard des Invalides, est, je crois, le dernier centenaire décédé à l'Hôtel. Il a poussé sa carrière jusqu'à 107 ans.

Voici, au surplus, une note statistique du personnel des Invalides, à la date du 1ᵉʳ mars 1840.

Les habitans de l'Hôtel étaient alors au nombre de 3,004, divisés en catégories, d'après l'âge et les infirmités; savoir :

Amputés ou mutilés des deux jambes............		12
Id.	d'une seule jambe.........	310
Id.	des deux bras............	8
Id.	d'un seul bras............	226
Aveugles...................................		154
Paralytiques et perclus par des douleurs........		237
Fous.......................................		30
Epileptiques................................		12
Nez et mentons d'argent.....................		7
Pieds-bots.................................		115
Culs-de-jatte..............................		16
Pieds gelés dans la campagne de Moscou........		28
Blessures diverses..........................		1,056
Estropiés des mains.........................		240
Admis comme âgés de plus de 70 ans		516
Id. de plus de 80 ans........		37

Total   3,004

. On voit que sur 3,oo4 habitans, l'Hôtel renfermait 37 octogénaires; mais de centenaires, point à cette époque, et je me suis assuré qu'il n'en existe pas non plus aujourd'hui.

La cécité est, sans contredit, l'infirmité la plus cruelle dont l'homme puisse être atteint. Pourtant les aveugles vivent vieux, et on a même remarqué qu'ils sont généralement gais, tandis que les sourds-muets ont souvent un aspect triste ou morose.

Quoi qu'il en soit, voici un centenaire trouvé à l'hospice royal des Quinze-Vingts :

Kock, né le 9 mai 1713, à Amberg, ville de Bavière, mort le 14 février 1821, dans sa 108ᵉ année.

Ancien militaire, il avait été reçu depuis fort longtemps aux Quinze-Vingts comme aveugle indigent. Lors de l'invasion de 1814, l'empereur d'Autriche visita cet établissement et s'entretint avec Kock.

C'était une de ces natures vigoureuses et robustes qui résistent à tout et s'accommodent de tout. Les alimens les plus opposés par leurs qualités indigestes ou digestives lui étaient indifférens, et convenaient également à son estomac.

Loin de se prêter aux soins que réclamait son grand âge, Kock, trouvant apparemment son lit trop sensuel, plaçait une bûche à son chevet et une autre sous ses pieds, afin de rendre sa couche plus agreste. Il a joui jusqu'à la fin d'une santé inaltérable, et s'est éteint sans maladie ni souffrance. (*Détails communiqués par le secrétariat des Quinze-Vingts.*)

Le tableau suivant fait connaître le nombre des octogénaires, nonagénaires et centenaires qui meurent annuellement à Paris, et la proportion de ces derniers avec le chiffre de la population et le nombre des décès.

Les sept années comprises dans ce tableau, dressé sur ceux du bureau des longitudes, sont les seules qui présentent d'une manière complète la série d'observations embrassées sous le triple rapport de l'âge, du sexe et de l'état de mariage.

Plusieurs déductions peuvent être tirées de ce tableau. Relativement à l'état de mariage, on sait qu'à l'âge de 60 ans, il n'y a, sur un nombre donné, que vingt-deux célibataires vivans contre cinquante-huit hommes mariés; à 70 ans, onze célibataires contre trente-sept hommes mariés; à 80 ans, trois célibataires contre neuf hommes mariés, etc. Parmi les 157 centenaires qui, en 1806, existaient à l'hôtel de Greenvich à Londres, il ne se trouva que treize célibataires. Il paraît que le partage des peines fortifie le couple uni, tandis que le célibataire est plus rudement éprouvé par le malheur.

Tableau des décès dans la ville de Paris avec distinction d'âge, de sexe et d'état de mariage pendant les années :

HOMMES

AGE.	non mariés.							mariés.							Veufs.							Total.						
	1833.	1834.	1835.	1836.	1837.	1838.	1839.	1833.	1834.	1835.	1836.	1837.	1838.	1839.	1833.	1834.	1835.	1836.	1837.	1838.	1839.	1833.	1834.	1835.	1836.	1837.	1838.	1839.
De 80 à 85 ans......	42	52	51	48	51	40	34	73	88	74	92	102	85	78	103	106	126	127	131	106	106	218	226	251	267	284	251	218
De 85 à 90	15	19	23	16	16	9	12	19	21	25	27	27	25	20	45	41	54	68	58	53	57	77	81	102	111	101	85	89
De 90 à 95	4	5	5	2	3	3	5	5	4	6	»	7	4	5	11	11	20	8	19	8	10	18	20	31	10	29	15	20
De 95 à 100	»	»	»	»	»	»	»	1	1	1	»	4	»	2	1	1	4	3	2	2	2	2	2	5	3	6	2	4
Ayant plus de 100 ans.	»	»	»	»	»	1	»	»	»	»	»	»	»	»	»	»	1	»	»	»	»	»	»	1	»	»	1	»

FEMMES

AGE.	non mariées.							mariées.							Veuves.							Total.						
	1833.	1834.	1835.	1836.	1837.	1838.	1839.	1833.	1834.	1835.	1836.	1837.	1838.	1839.	1833.	1834.	1835.	1836.	1837.	1838.	1839.	1833.	1834.	1835.	1836.	1837.	1838.	1839.
De 80 à 85 ans......	48	52	71	65	75	57	48	28	34	47	35	40	39	34	279	308	539	348	459	518	253	335	394	457	444	554	414	313
De 85 à 90	15	18	28	35	34	25	28	7	5	10	12	13	5	13	120	125	137	131	148	152	122	42	198	175	178	195	160	163
De 90 à 95	4	9	5	12	6	10	4	»	2	1	»	2	»	1	27	34	22	30	40	25	22	31	45	28	42	48	35	27
De 95 à 100	»	1	»	2	»	2	2	1	»	2	»	»	»	»	8	7	»	5	9	2	2	9	8	2	5	9	4	4
Ayant plus de 100 ans.	»	»	»	»	»	»	»	»	»	»	»	»	»	»	2	1	1	2	1	»	1	2	1	1	2	1	»	1

En ce qui concerne le sexe, on a remarqué que, dès l'âge de 60 ans, les femmes sont en majorité, et qu'à 80 ans leur nombre est double du nôtre. Toutefois, l'extrême caducité ne paraît pas être pour elles, ainsi qu'il résulte des exemples de longévité phénoménale cités dans la seconde partie, où le nombre des hommes est, au contraire, double de celui des femmes.

Au surplus, il suffit de jeter les yeux sur le tableau qui précède pour se convaincre de l'exactitude des observations relatives à l'âge, à l'état de mariage et au sexe. Les limites posées à ce sujet ne varient guère, et c'est un fait acquis à la statistique.

En comptant comme centenaires les individus portées dans les deux dernières lignes de chaque année, on a pour les 7 années comprises dans ce tableau le chiffre total de 77, dont le septième est de 11 qui, divisé par 909,126 montant de la population de Paris, d'après le recensement de 1836, donne un centenaire sur 82,647 habitans; et ce même chiffre 11 mis en rapport avec celui des décès annuels, évalués en nombre rond à 25,000, donne un centenaire sur 2,272 morts.

Enfin, d'après l'état numérique de la population indigente dressé par l'administration générale des hopitaux, hospices civils et secours à domicile de la ville de Paris, on distribuait dans les 12 arrondissemens des secours à 2239 vieillards de 75 à 79 ans en 1829, et à 2,437 en 1841; à 682 âgés de

8o à 89 en 1829, et à 1,143 en 1841; à 25 individus de 90 à 99 en 1829, et à 32 en 1841.

La population indigente était, en 1829, de 62,705, et de 66,487 en 1841.

Le rapport de cette population à la population générale était, en 1829, de 1 sur 13,020 habitans et, en 1841, de 1 sur 13,307.

Les plus malheureux étaient les portiers, au nombre de 1,283 ; et il ne s'en trouvait point parmi les albâtriers, les ciriers, les lamineurs et les cimentiers. On en comptait 1 parmi les apprêteurs de draps et les batteurs d'or ; 2 chez les frangiers et les mouleurs, 3 chez les miroitiers et les rubaniers, etc., etc.

Le calcul suivant, fait sur une plus grande échelle et avec une précision arithmétique, peut venir à l'appui du tableau qui précède :

Nombre d'hommes classés par âge, sur une population de 10,000,000.

Au-dessous de 10 ans	2,181,971	0.22
de 10 à 20 ans.....	1,836,186	0.18
de 20 à 25........	846,650 ⎱ 1,637,413.0.16 ⎰ 0,08.5
de 25 à 30........	790,763 ⎰ ⎱ 0,07.9
de 30 à 40........	1,404,371	0.14
de 40 à 50........	1,160,475	0.11.5
de 50 à 60........	891,938	0.09
de 60 à 70........	577,469	0.05.8
de 70 à 80........	254,686	0.02.5
de 80 à 90........	50,323	0.00.5
de 90 à 100.......	4,998	0.00.05
	9,999,830	0.99.35
Au dessus de 100 ans	170	0.00.65
	10,000,000	1.00.00

Déjà M. de Parcieux avait constaté, il y a près d'un siècle, qu'on vit plus longtemps dans l'état de mariage que dans le célibat : le nombre des garçons morts de 1716 à 1746, c'est-à-dire pendant 30 ans, depuis l'âge de 20 ans, était un peu plus de la moitié de la somme des hommes mariés et veufs morts depuis le même âge de 20 ans; il n'y avait que 6 célibataires qui eussent passé l'âge de 90 ans, tandis que l'on comptait 36 hommes mariés ou veufs qui avaient dépassé cet âge. Le nombre des filles mortes depuis l'âge de 20 ans était à peine le quart de la somme des femmes mariées ou veuves mortes depuis le même âge; enfin, il n'y avait que 14 filles qui eussent passé l'âge de 90 ans, tandis que 112 femmes mariées ou veuves avaient été au-delà du même âge. (De Parcieux. *Essai sur les probabilités de la durée de la vie humaine*, pag. 101, 1746.)

Il est essentiel de remarquer que si la longévité se rencontre plus particulièrement à la campagne chez les cultivateurs ou les artisans, parmi les travailleurs enfin, il en est autrement dans les villes. Ici, le riche l'emporte sur le pauvre.

Les observations consignées par M. le docteur Villermé, dans un mémoire lu, en 1824, à l'Académie des sciences, ne laissent aucun doute à cet égard.

L'auteur s'appuyait sur des faits prouvés par des renseignemens authentiques. Il avait obtenu du ministre de l'intérieur l'autorisation de compulser les tables de mortalité, non seulement pour Paris, mais dans les départemens.

M. Villermé a comparé d'abord la mortalité respective des deux arrondissemens de Paris, qui présentent la plus grande opposition sous le rapport de l'aisance des habitans. Ces arrondissemens sont le 1er et le 12e. Or, le résultat de 5 années d'observations a été de donner, pour le nombre des décès dans le 1er arrondissement où les riches sont en plus grande proportion, un décès sur 50 personnes par année. Le 12e arrondissement, au contraire, en a offert 1 sur 24 : différence énorme, et à laquelle on ne peut trouver d'autre cause que celle assignée par l'auteur. Car, s'il y a plus de vieillards retirés dans le 12e arrondissement, d'un autre côté, il y a moins d'enfans, la plus grande partie de ceux qui y naissent étant transportés dans les hospices.

M. Villermé a ensuite comparé, sous le rapport de la mortalité, la rue de la Mortellerie qui n'est habitée que par des malheureux entassés dans des logemens mal sains, aux quais de l'île Saint-Louis, où des gens aisés vivent dans des appartemens vastes et bien aérés. Eh bien! il a trouvé qu'il y a quatre fois autant de décès dans la rue de la Mortellerie, quoique la population ne soit que du double de celle de l'île Saint-Louis.

Cette vérité a, d'ailleurs, été démontrée d'une manière irréfragable, par les résultats de l'invasion du choléra : On ne peut, en effet, avoir déjà oublié qu'à cette époque de douloureuse mémoire, plusieurs maisons de la rue de la Mortellerie furent entièrement dépeuplées par ce fleau.

Enfin, il résulte d'une liste dressée par M. Benoiston de Chateauneuf, membre de l'Académie des sciences morales, d'individus pris au faubourg Saint-Marcel, cette véritable capitale de la misère, alternant avec les excès qu'ils aggravent, que, sur 100 personnes de 70 à 75 ans, il en était mort 7 dans le cours d'une année parmi les riches, 8 dans la classe moyenne, et 14 dans la classe pauvre.

Un fait très remarquable, que M. Villermé a constaté en compulsant les registres des hôpitaux, c'est que l'indigence qui rend à Paris la mortalité si considérable ne paraît pas exercer la même influence sur les maladies. Elles ne sont pas plus fréquentes parmi les pauvres, mais elles sont plus souvent mortelles. Il a été conduit à ce résultat par un rapport bien singulier entre le degré d'aisance et le danger des maladies :

Parmi les ouvriers les plus aisés, comme les bijoutiers, les compositeurs d'imprimerie, etc., on ne trouve qu'un mort sur 11 malades entrés à l'hôpital,

Parmi les couturières, 1 sur 8 ;

Parmi les cordonniers ou couvreurs, 1 sur 7,

Parmi les maçons, 1 sur 6,

Parmi les manœuvres, 1 sur 5 ; et dans la classe la plus misérable, celle des chiffonniers, on trouve 1 mort sur 4 malades. Dans cette catégorie, on doit placer les portiers et leurs enfans qui, à raison de la manière dont ils sont ordinairement logés, et de leur genre de vie, présentent une mortalité excessive.

En général, l'influence morbifique de la misère porte principalement sur les enfans et les vieillards. Parmi les personnes dans la force de l'âge, la différence de mortalité paraît moins sensible.

La plus grande mortalité des prisons avait lieu au dépôt de Saint-Denis : chose horrible! il en mourrait alors 1 sur 3 chaque année.

Venant enfin à l'examen des causes qui produisent cette différence de mortalité entre les pauvres et les riches, M. Villermé a opposé, en général, la situation des gens aisés qui, logés dans des appartemens commodes et salubres, n'y manquant d'aucune des choses confortables ou nécessaires à la vie, à la condition des pauvres qui, entassés dans des logemens étroits, humides et privés de la lumière du soleil, sont d'ailleurs livrés à un travail excessif, tourmentés du chagrin de ne pouvoir suffire aux besoins de leur famille, s'abandonnent à des excès dans lesquels ils cherchent une triste diversion à leurs maux, et qui avancent le terme de leur existence.

En Angleterre, où tout s'apprécie en chiffres, on a calculé que l'ivrognerie tue annuellement 50,000 hommes. La moitié des insensés, les deux tiers des pauvres et les trois quarts des criminels de ce pays se trouvent parmi les individus adonnés à la boisson.

On voit, au surplus, dans l'exposé succinct de ces tables de mortalité, que l'immolation des classes indigentes est hors de toute proportion ; qu'elle est le triste résultat de toutes les souffrances de la misère, et qu'ici la mort est un tribut prématuré, en opposition avec les lois de la nature.

Une observation qui paraîtrait puérile, si elle n'était constatée par l'expérience, c'est que le pavé de Paris peut contribuer à abréger la vie.

En effet, que l'on veuille bien réfléchir à la fatigue journalière qui résulte de la marche habituelle sur un pavé gras, inégal ou glissant ; à l'anxiété ou au moins à la vive contrariété qu'on éprouve d'être obligé de s'arrêter à chaque instant, pour éviter, même en plein jour, les heurts, les chutes et les embarras de tous genres résultant de la circulation quotidienne de 5o,ooo voitures de toute espèce (1) qui encombrent la voie publique ; et l'on conviendra que cette assertion n'est pas aussi dénuée de fondement qu'elle le paraît au premier abord.

Ceci expliquerait, d'ailleurs, la vogue toujours croissante des voitures publiques dites *omnibus*,

---

(1) On compte à Paris 53,481 voitures de tous genres, ainsi réparties :

Voitures de remise et de place...............	948
Cabriolets id......................	1,533
Voitures de maître.........................	10,000
Cabriolets bourgeois......................	11,000
Charettes, tombereaux, haquets, etc.........	30,000
Total.........	53,481

(*Moniteur universel* du 28 octobre 1841).

faisant le transport en commun et à bon marché.

Peut-être croyait-on trouver ici les noms des centenaires existant dans la capitale. Cela était très délicat, et bien qu'on m'en ait cité plusieurs, j'ai dû m'abstenir de les nommer.

HYGIÈNE.

L'hygiène est, comme chacun le sait, la partie de la médecine qui donne des règles pour la conservation de la santé. Or, on l'a dit et M. Flandin l'a répété avec raison (*Moniteur*, 10 juillet 1841) : « Il y a une hygiène pour les hommes, une hy-
« giène pour les femmes, une hygiène pour les en-
« fans ; il y a l'hygiène des constitutions et l'hy-
« giène des âges ; aussi bien que l'hygiène des lieux,
« des climats, des saisons ; puis, dans un autre or-
« dre d'idées, l'hygiène des peuples ; celle des villes,
« des professions, de la position sociale, etc.»

Sans entrer, à cet égard, dans des détails que ne comporte pas mon sujet, je me bornerai à faire remarquer que l'hygiène suivie par les centenaires cités dans la seconde partie paraît avoir été aussi uniforme que simple : des légumes cuits, du laitage, de la bière, des fruits, peu de viande et de vin, et point de boissons alcooliques ; tel est, en général, le régime adopté par les personnes arrivées à la plus extrême longévité ; et ces personnes appartiennent, pour les trois quarts, à la classe des artisans, des laboureurs et même des indigens !

Serait-il donc vrai qu'une alimentation saturée d'aromates ou de sels excitans fût contraire à la longévité ; et que jamais centenaire ne surgira des fourneaux où s'élaborent les prodiges de l'art culinaire parvenu à son apogée ? L'avenir le dira.

Toutefois, l'hygiène d'un Espagnol ou d'un Napolitain, par exemple, diffère essentiellement de celle de l'habitant de Stockolm ou de Saint-Pétersbourg. On sait que, dans les climats du Nord, la déperdition journalière de la chaleur radicale étant considérable, une alimentation abondante ou confortable est nécessaire ; tandis que les besoins physiques sont beaucoup moins impérieux dans les pays méridionaux, où les passions sont, d'ailleurs, plus vives, ce qui explique la différence de longévité.

D'autres préceptes d'hygiène, indépendans des considérations qui précèdent, influent également sur la durée de la vie. Tels sont l'air, l'habitation, les vêtemens, le sommeil, la propreté, etc.

Mais, je le répète, je ne saurais entrer à cet égard dans des développemens qui m'entraîneraient hors de ma spécialité. Ainsi, je terminerai par un exposé des probabilités de longévité, dû à M. le docteur Bourdon de La Rochelle, que je citerai textuellement.

« Voici quelles nous paraissent être les meilleures conditions de longévité :

« Être né à terme de parens jeunes et sains, tempérans en toute chose, et qui eux-mêmes aient eu longue vie. Avoir été longtemps allaité par sa mère ou par une nourrice robuste et continente. S'être accru lentement, mais sans interruption ni souffrance, la longévité paraissant généralement proportionnée à la durée de la crue. Qu'en outre le corps soit bien constitué, exactement pondéré, aucun organe n'entravant l'action des autres, ni la maîtrisant ; ni trop énergique, ni trop délicat, ce qui préserve de la tyrannie des passions, comme aussi de l'assistance périlleuse des passions ; plutôt maigre que gras, et grand plutôt que petit, la plupart des centenaires ayant eu en partage une taille élevée. Que l'estomac soit vigilant et sobre, sans exigence, sans partialité ni délicatesse, et permettant de douter s'il existe, du moins laissant ignorer s'il travaille ; que d'excellentes dents lui prêtant leur concours rendent sa tâche plus légère. Joignons à cela une poitrine vaste, d'où sorte une voix vibrante, mais non prodiguée, une circulation régulière et lente, un poulx paresseux, sans faiblesse ; les organes également agissant à leur tour et chaque jour régulièrement exercés ; peu de maladies et de promptes guérisons ; un cœur lent à s'émouvoir, mais de la sensibilité et de la gaîté ; et enfin, l'essai de toutes les habitudes, afin de n'en redouter aucune. »

FIN.

9 782329 284217